MONUMENTS FUNÉRAIRES

DE

L'ÉGLISE SAINT-MICHEL

A SAINT-MIHIEL (Meuse)

PAR

Léon GERMAIN

OFFICIER D'ACADÉMIE
MEMBRE DE L'ACADÉMIE DE STANISLAS
BIBLIOTHÉCAIRE-ARCHIVISTE DE LA SOCIÉTÉ D'ARCHÉOLOGIE LORRAINE
CORRESPONDANT
DE LA SOCIÉTÉ NATIONALE DES ANTIQUAIRES DE FRANCE

BAR-LE-DUC
IMPRIMERIE SCHORDERET ET Cie
—
1886

MONUMENTS FUNÉRAIRES

DE

L'ÉGLISE SAINT-MICHEL

A SAINT-MIHIEL (Meuse)

MONUMENTS FUNÉRAIRES

DE

L'ÉGLISE SAINT-MICHEL

A SAINT-MIHIEL (Meuse)

PAR

Léon GERMAIN

MEMBRE DE L'ACADÉMIE DE STANISLAS
BIBLIOTHÉCAIRE-ARCHIVISTE DE LA SOCIÉTÉ D'ARCHÉOLOGIE LORRAINE
CORRESPONDANT
DE LA SOCIÉTÉ NATIONALE DES ANTIQUAIRES DE FRANCE

BAR-LE-DUC

IMPRIMERIE SCHORDERET ET Cie

—

1886

EXTRAIT DES *Mémoires*
de la Société des Lettres, Sciences et Arts de Bar-le-Duc.
Tome V, 2ᵉ série (1886).

MONUMENTS FUNÉRAIRES

DE

L'ÉGLISE SAINT-MICHEL A SAINT-MIHIEL

(MEUSE)

Par M. Léon GERMAIN

——➤☆◅——

'ÉGLISE abbatiale de Saint-Mihiel était, avant le
XVIIIᵉ siècle, l'un des lieux de sépulture les plus
remarquables du Barrois, par la grande quantité
des monuments funéraires qu'elle renfermait, l'antiquité et l'intérêt artistique de plusieurs d'entre eux,
enfin l'illustration de nombre des personnages dont elle
avait reçu les restes mortels. — Cet édifice, devenu, depuis le
Concordat de 1801, le siège de la principale paroisse de la
ville et du doyenné cantonal, appartenait à un monastère
bénédictin célèbre parmi ceux de toute la Lorraine : fondé
dans les premières années du VIIIᵉ siècle, sur les ruines d'un
ancien camp des collines de la Woëvre, à deux lieues environ
de son emplacement moderne, ce monastère avait été ensuite
transféré sur le bord de la Meuse ; l'église, bâtie pour la
première fois au IXᵉ siècle, fut modifiée à différentes époques
et reconstruite en grande partie au commencement du siècle
dernier. La ville de Saint-Mihiel doit à l'abbaye sa naissance
et son nom.

Avec sa tour romane, ses fenêtres en tiers-point ou en cintre surhaussé, son chœur profond et ses deux tours inachevées des transepts, l'église présente à l'extérieur un aspect très singulier, non dépourvu de grandeur. A l'intérieur, ses vastes proportions ne laissent pas de produire une forte impression : au nombre des monuments religieux bâtis ou considérablement remaniés par le xviiie siècle, cet édifice est sans conteste l'un des plus curieux et des plus imposants. Plusieurs parties de la décoration, la voûte du chœur, les stalles, la chaire, le buffet de l'orgue sont fort dignes d'attention ; nous n'avons pas besoin de rappeler le groupe de la Vierge et de saint Jean, sculpté par Ligier Richier, qui se dresse sur un autel tout au fond du chœur. Le mobilier ajouté ou renouvelé depuis le commencement de ce siècle est loin de mériter les mêmes éloges.

Ce qui surprend particulièrement tout visiteur instruit de cette église, c'est l'absence presque complète de témoins iconographiques de son histoire. A part le plan général de la construction, qui se ressent des traditions bénédictines, les armes de la congrégation de Saint-Vanne et de Saint-Hydulphe (1) sculptées sur le devant du maître-autel, enfin un tableau représentant saint Michel, patron de plusieurs antiques monastères lorrains, tableau placé tout au bout du chœur (2), nous ne voyons rien qui renseigne sur l'origine et le vocable de l'église. Rien surtout ne rappelle qu'elle fut la dernière demeure de plusieurs comtes de Bar et qu'une multitude de tombes appartenant à des princes de maisons souveraines, à des abbés de Saint-Mihiel, à de savants et pieux ecclésiastiques, à des laïques fameux par leurs familles, leurs charges dans l'État, ou leurs services, décoraient magnifiquement cet édifice et constitueraient, si elles existaient encore, un inappréciable trésor pour l'archéologie, l'histoire du pays

(1) Le mot *Pax*, accompagné, en chef, de trois larmes et, en pointe, d'un cœur, duquel s'échappe une flamme, le tout dans une couronne d'épines.

(2) Depuis que nous avons écrit ces lignes, le tableau a été enlevé de cette place pour être mis dans le transept de l'épître, au-dessus de la porte de la sacristie ; de sorte que plus rien, ni à l'extérieur ni à l'intérieur de l'église, n'indique quel en est le titulaire.

et la richesse artistique de la ville. Tous ces monuments ont disparu de l'intérieur de l'église et paraissent avoir été détruits, à l'exception de treize pierres tombales en marbre noir que l'on a encastrées, depuis quelques années, dans les murs de la tour, sous le porche, ordinairement fermé.

La Révolution n'est pas seule coupable de cette grande dévastation; commencée aux débuts du xviiiᵉ siècle, sinon plus tôt, elle a continué jusqu'à nos jours. Lors de la reconstruction de l'église, vers 1710, époque de profond dédain pour l'art du moyen âge (auquel on donna par dérision le nom de *gothique*) et où quelques érudits appréciaient seuls l'intérêt historique des monuments, on laissa les ouvriers détruire tous les tombeaux qui les gênaient; en 1791, les émeutiers s'attaquèrent surtout aux emblèmes religieux et nobiliaires; en 1863, pour refaire le pavé, on enleva les tombes qui s'y trouvaient encore et on les mit, du moins les principales, dans les murs des transepts; enfin, vers 1880, on déplaça toutes les pierres tumulaires qui restaient dans l'église pour les reléguer sous le porche. Quelques-unes d'entre elles sont aujourd'hui difficiles à étudier, à cause de l'obscurité du lieu, puis des colonnes qui les cachent en partie : raison de plus pour tenter d'en transcrire les épitaphes, en réveillant le souvenir des personnes dont elles recouvraient les cendres, et pour recueillir des renseignements sur les monuments à jamais perdus.

Les motifs tout particuliers qui nous avaient porté, il y a deux ans, à étudier les tombeaux de la paroisse Saint-Etienne de la même ville, ne nous faisaient nullement songer à nous occuper de ceux de l'église abbatiale; mais les archéologues modernes attachent une très grande importance à la publication des inscriptions funéraires; il nous a donc paru que ces monuments ne devaient pas demeurer plus longtemps dans l'oubli. Au reste, ce travail différera forcément beaucoup du précédent. Ici, nous ne rencontrerons plus de curieux bas-reliefs, d'œuvres des Richier, d'épitaphes des xiiiᵉ et xvᵉ siècles. En revanche, nous verrons se présenter les pierres tombales des célèbres abbés Dom Henezon et Dom Maillet, celles de l'historien local, Dom de l'Isle, d'un architecte de l'église, enfin de plusieurs membres distingués de la noblesse et de la haute bourgeoisie ; la plus ancienne épitaphe nous donnera un intéressant spécimen de l'art poétique dans le Barrois, au commencement du xvii⁰ siècle ; la recherche des monuments détruits rappellera d'intéressants faits historiques. Nous ne pourrons pas reprocher de nouveau à l'historien moderne de Saint-Mihiel d'avoir entièrement négligé les tombeaux de cette église. Sans doute, il ne les a pas tous signalés et il a gravement altéré les quelques épitaphes imprimées dans son livre ; mais, afin de fixer des jalons pour reconstituer le plan de l'ancien édifice, il a donné, d'après les archives de l'abbaye, la liste d'un grand nombre de personnes de toutes classes inhumées dans l'église et s'est efforcé de déterminer le lieu où se trouvaient leurs sépultures.

De même que notre précédent Mémoire, celui-ci se divisera en deux parties, la première consacrée aux tombeaux qui existent encore, l'autre à ceux qui ont été détruits. Cette seconde partie ne sera pas une étude complète et approfondie, qui demanderait de très longues recherches, des séjours prolongés à Saint-Mihiel et aux Archives de la Meuse ; nous espérons qu'elle offrira cependant de l'utilité, soit pour faire comprendre l'importance des souvenirs qui s'attachaient à ces monuments, soit pour aider les travaux d'un futur historien (1).

(1) Quelques abréviations et ligatures n'ont pu être reproduites ; mais elles n'ont pas beaucoup d'importance, et l'époque relativement récente des inscriptions donne peu d'intérêt aux détails de l'épigraphie.

PREMIÈRE PARTIE.

Monuments funéraires conservés dans l'église Saint-Michel.

Comme nous l'avons dit plus haut, les monuments funéraires encore existants dans l'église Saint-Michel consistent en
treize pierres tombales en marbre noir, de dimensions très
différentes, encastrées, depuis quelques années, dans les murs
latéraux du porche, sous la tour. Nous les étudierons successivement dans l'ordre chronologique, d'après la date la plus
récente inscrite dans l'épitaphe. Voici la disposition qu'elles
occupent :

Côté nord (de l'Evangile), à partir de la porte extérieure :
nos 12 ; 8 ; 7 ; 13 ; 4.

Côté sud (de l'Epître), à partir de la porte intérieure, ou en
revenant sur ses pas : nos 1 ; 9 ; 2 ; 3 et 11, ces deux dernières
encastrées au-dessous de la précédente ; 10 ; 5 ; 6.

I.

Noble Nicolas Humbert
et Magdeleine Preudhomme, sa femme.
1610-1615.

(Dim. : 1m,72 ; 0m,84.)

Le haut de la pierre tombale est occupé par un écu ovale,
fruste, tenu par deux anges, portant des branches de laurier.
Un casque morné, orné de lambrequins, est surmonté de deux
pennes, chargés, l'un d'une main tenant une croisette, et l'autre
de trois étoiles ; sur une banderole, autour des armoiries,
figurait une devise, dont on ne distingue plus que, du côté
sénestre, les mots VNA... LAVDA. Au bas de la tombe se voit
une tête d'ange ailée.

Voici le texte de cette curieuse épitaphe en vers :

L'OMBRE DV FEV SIEVR
NICOLAS HVMBERT
AVX PASSANTS.

PASSANTS, IE VOVS DEFFENDS LES PLEVRS,
AVX BONS LES PRIERES SONT DEVES,
ET NON LES LARMES ESPANDVES
ENTRE LES CRIS ET LES DOVLEVRS.

FAICTES POVR MOY PRIERES AUX CIEVLX
QVE MON AME EN PAIX Y REPOSE
IE NE VOVS DEMANDE AVLTRE CHOSE
ET DE VOVS NATTENDS RIEN DE MIEVLX.

TRESPAS
DE FEV DAM. MAGDELEINE PREVDHŌME

IAY PASSE DE TRENTE TROIS ANS
TROIS SOVBZ L'HYMEN CINQ EN VEFVAGE
MERITANT PAR SI PEV DE TEMPS
LE CIEL EN SECOND MARIAGE

ELLE MOVRVT LE 15 SEP. 1615.

M. Dumont a publié cette épitaphe, mais avec peu d'exactitude (1). Nous ne voyons pas que, dans son *Histoire de Saint-Mihiel*, non plus que dans son *Nobiliaire*, il ait fait autre mention des deux époux en question. Les armoiries et la date témoignent qu'il s'agit du personnage auquel Dom Pelletier a consacré le court article suivant :

« HUMBERT (Nicolas), secrétaire et argentier des comte et comtesse de Vaudémont, fut annobli par lettres expédiées à Nancy le 28 septembre 1575. Porte d'azur, à trois étoiles d'or

_____

(1) *Histoire de Saint-Mihiel*, IV, 28. — Pour ne citer que le premier vers, au lieu de « *Passants, je vous deffends les pleurs* », M. Dumont a transcrit : « *Passants, je vous défends de pleurer* », ce qui rompt à la fois la mesure et la rime.

posées deux et une ; au chef d'argent chargé d'une croix
pattée de gueules ; et pour cimier un dextrochère revêtu
d'azur, bordé d'or, tenant la croix de l'écu, environné de deux
pennes, la première d'argent, l'autre d'azur, à trois étoiles
d'or ; le tout issant d'un torti de même, porté d'un armet
morné, couvert d'un lambrequin aux métaux et couleurs dudit
écu. *Fol.* 100, *régist.* 1575. »

L'épitaphe apprend que Nicolas Humbert épousa, en 1607,
Magdeleine Preudhomme, née vers 1582, qu'il mourut en 1610
et qu'il fut enterré à Saint-Mihiel, où sa femme ne lui survécut
que cinq ans. Elle était sans doute roturière, puisque ses
armoiries ne figurent pas sur le monument.

Tandis qu'à l'époque du mariage, Magdeleine Preudhomme
avait environ vingt ans, Nicolas Humbert, anobli en 1575,
devait être assez avancé en âge. S'agirait-il, non de lui, mais
d'un de ses fils? Nous ne le pensons pas, car deux générations
auraient laissé plus de traces dans l'histoire de Saint-Mihiel et
de la noblesse lorraine.

II.

Jean Bousmard, écuyer, et Agnès Raulet, sa femme.

1615-1622.

(Dim. : 2ᵐ,01 ; 1ᵐ,35.)

Cette vaste tombe est divisée en deux compartiments verti-
caux. Sur les côtés, deux pilastres ioniques portent chacun,
au milieu du fût, un écusson, l'un fruste, l'autre orné d'un
pélican. Un entablement complet, avec un fronton coupé,
reçoit un cartouche central rectangulaire, fruste ; plus haut,
paraît un ange, en buste, les bras étendus le long de la frise.

La base est ornée, au centre, d'une tête d'ange, et, sur les
côtés, de crânes posés sur deux os, en sautoir, avec les inscriptions : PRIEZ POUR SON AME. — PRIEZ DIEV PO[UR LVI].

On lit dans le premier compartiment l'épitaphe suivante :

LA MORT A ICY R'ASSEMBLE LE
CORPS DE DAM^{elle} AGNES RAV
LET AV 76.me DE SŌ AAGE, LA
QVELLE L'AVOIT SEPT ANS
AVPARAVANT, SEPARÉ DE CE
LVY DE FEV IEAN BOVSMARD
ESCVYER ET CON^{er} EN LA COVR
DE St MIHIEL, SON MARY, APRES
AVOIR VESCV ENSEMBLE 55 ANS
SONT ICY ATTENDANS LE IOVR
D'VNE RESVRRECTION GLORI
EVSE POVR SE REIOINDRE A
LEVRS AMES ET IOVYR ENSEM
BLEMENT DES PLAISIRS DE
L'ETERNITE LE 12 IVILLET 1622 (1)

Voici l'inscription du second compartiment :

SOUBS CETTE TOMBE RE
POSE LE CORPS DE IEAN
BOVSMARD ESCVYER QVI
APRÈS AVOIR EXERCÉ AVEC
REPVTATION DIVERSES CHAR
GES EN L'ADMINISTRATION DE
LA IVSTICE, TANT AV BALLIAGE E[N]
LA COVRRE SOVVERAINE DE CE
LIEV QV'AILLEVRS DECEDA PLEIN
DE MERITES LE 14 FEBVRIER
1615 AAGÉ DE 80 ANS COM
ME SE VEOIT EN L'EPITATHE
POSEE AV PILIER CY DEVANT

(1) C'est-à-dire :
La mort a ici rassemblé le corps de damoiselle Agnès Raulet, au
76e [an] de son âge, laquelle [mort] l'avait sept ans auparavant séparé

Jean Bousmard, anobli en 1564, fut le chef de cette famille distinguée, qui s'est perpétuée presque jusqu'à nos jours, et dont M. Dumont a fait figurer trois membres dans sa *biographie* saint-mihielloise. Fils de Jean Bousmard (Bosmard ou Boussemard), mayeur de Circourt, et d'Alix Collinet de la Malmaison, il fut lui-même mayeur de Circourt, puis avocat au bailliage de Saint-Mihiel, lieutenant particulier, pendant quatorze ans, lieutenant général au bailliage d'Apremont, enfin, en 1582, conseiller en la cour souveraine de Saint-Mihiel ; il fut admis, suivant la coutume de Bar, à reprendre la noblesse et les armes de sa mère. Ses deux frères devinrent, l'un doyen et l'autre évêque de Verdun.

Jean Bousmard épousa Agnès Raulet, d'une famille considérable, anoblie, l'an 1498, en la personne de son aïeul, Gervaise Raulet, sommelier d'échansonnerie du duc René II. Agnès était le second des cinq enfants de Jean Raulet, seigneur d'Ambly, et de « Magron Michiel de Villers-sur-Meuse ».

De ce mariage, — contracté, comme l'atteste l'épitaphe, vers 1567, — naquirent six enfants. Nous retrouverons plus loin (§ XII) le second, Charles Bousmard.

Cette famille portait les armes de La Malmaison : *d'azur, au pélican d'argent, ensanglanté de gueules, nourrissant ses petits, sur une terrasse d'argent* (1).

La famille Raulet portait primitivement : *d'azur, à la coupe d'or.*

---

de celui [le corps] de feu Jean Bousmard, écuyer et conseiller en la cour de Saint-Mihiel, son mari ; après avoir vécu ensemble 55 ans, [ils (leurs corps)] sont ici, attendant le jour d'une résurrection glorieuse, pour se rejoindre à leurs âmes et jouir ensemblement des plaisirs de l'Éternité. Le 12 juillet 1622.

(1) V. pour ce § les Nobiliaires de Dom Pelletier et de M. Dumont, ainsi que son *Histoire de Saint-Mihiel*, IV, 30.

III.

Jean Gondrecourt, écuyer, le jeune.

1625.

(Dim. : 0ᵐ,55 ; 0ᵐ,42.)

Cette petite épitaphe, sans doute primitivement encastrée dans un pilier, est ornée d'un écusson portant une fasce, accompagnée de deux oiseaux essorants et d'une étoile, et surmonté d'un casque grillé, garni de lambrequins. Jean Gondrecourt portait, en effet : *d'azur, à la fasce d'argent, accompagnée en chef de deux éperviers d'or, et en pointe d'une étoile de même.*

Voici l'inscription :

SOVBS CESTE TOMBE REPOSE LE CORPS
DE FEV PRVDENT HOMME MRE IEAN
GONDRECOVRT LEIEVNE VIVANT ESCVIER
LICEN EZ DROICTZ ADVOCAT EN LA COVR
SOVVERAINE ET PARLEMENT DE S. MHIEL ET
LIEVTENANT EN LA PREVOSTE MOISNE DV
DICT LIEV, LEQVEL (APRES AVOIR VESCV
EN SINCERE AMITIE AVEC DAMOISELLE
BARBE DE RAVLET SON ESPOVSE) DECEDA
DE CE MORTEL SIECLE LE 26 DV
MOIS DE FEBVRIER 1625
[PRIEZ DIEV PO[VR SON AME]

La famille de Gondrecourt, que déjà nous avons eu à faire connaître à propos des monuments funéraires de Saint-Etienne, fut anoblie, en 1363, par Robert, duc de Bar. Jean, le jeune, fut baptisé à Saint-Mihiel le 28 juillet 1591, ayant pour parrain « *Ch. le Pougnant, religieux bénédictin* », et pour marraine « *Françoise, épouse de Collignon Finot* ». Il était le

troisième des sept enfants de « Jean Gondrecourt, IIe du nom,
licencié ez droits, et lieutenant en la prévôté abbatiale de
Saint-Mihiel », et de « Marie Royer, fille de noble Jacob
Royer, avocat en la cour du parlement de Saint-Mihiel ». Jean
conserva les emplois de son père et mourut sans postérité.
M. Dumont mentionne l'existence de sa tombe.

Sa femme est nommée : « damoiselle Barbe de Raulet » dans
l'épitaphe ; « Barbe Raulet », par Dom Pelletier ; et « Barbe
Rolet, fille de l'admodiateur de l'Abbaye », par M. Dumont.
Cependant, à l'article de la famille Raulet, dont nous avons
déjà mentionné l'anoblissement, le même auteur dit que Barbe
était le troisième enfant d'André Raulet, capitaine du château
de Saint-Mihiel, et d'Esther de Labry ; elle se remaria, dit-il,
à noble Claude Beaudesson, capitaine de cavalerie, et lui
donna deux filles. — Dom Pelletier la croyait la même que
Barbe, troisième enfant de Didier Raulet, conseiller d'Etat, et
de Jeanne Martin, fille de Jacques Martin, prévôt d'Etain ;
cette Barbe épousa, par contrat du 7 janvier 1615, Geoffroy
Pinguet, écuyer, seigneur de Suzémont.   ·

IV.

Famille Rutant.

1631.

(Dim. : 2^m,07 ; 1^m,08.)

L'épitaphe est entourée d'un encadrement dans le style du
XVIIe siècle, avec pilastres ioniques supportant un entablement ; pour couronnement, un écu ovale sur un cartouche
tenu par deux anges, un genou en terre ; l'écu est *parti*, au
1er, fruste (*une fasce ?*), au 2°, à un chevron. Voici l'inscription,
dont la sentence « *Telle semence, telle moisson* » se lit sur un
petit cartouche rectangulaire, au milieu de l'entablement :

TELLE SEMENCE
TELLE MOISSON

CY GISENT DAMOISELLE ANNE
COVRCIER, QVI AYANT LOVABLE-
MENT VESCV LESPACE DE 45. ANS
AVEC PIERRE RVTANT SEIGNEVR
DE WARVINET EN PARTIE, SŌ MARY
DECEDA LE PREMIER APVRIL 1631.

ET DAMOISELLE CLAVDE RVTANT
LEVR FILLE LAQVELLE QVITTANT
CE MONDE AAGEE DE 19 ANS
PASSA EN VN SEIOVR ETERNEL

A LA MEMOIRE DESQVELLES LE
DIT SIEVR RVTANT A FAIT MET
TRE CE MARBRE

Priez Dieu Pour Leurs Ames

TELLE [SEMENCE]   TELLE [MOISSON]

M. Dumont, dans l'*Histoire de Saint-Mihiel* (t. IV, p. 28), a
donné de cette épitaphe une copie incomplète et très fautive.
    La famille du défunt, récemment éteinte (croyons-nous),
était l'une des plus considérables de Saint-Mihiel ; plusieurs
de ses membres se firent anoblir successivement à partir de
1567, et reçurent des armoiries différentes ; mais, suivant une
tradition mentionnée par Dom Pelletier, cette famille descendait d'une ancienne maison noble d'Angleterre et vivait noble-
ment à Saint-Mihiel depuis environ cent ans.
    Pierre Rutant, né à Saint-Mihiel, fut anobli le 20 juin 1596,
pour services rendus au Cardinal de Lorraine dans l'adminis-

tration de sa terre de Gorze. En 1622, il acheta du duc, moyennant 10.000 francs, le droit de tabellionnage à Saint-Mihiel ; il devint aussi seigneur de Varvinay en partie. De .son mariage avec Anne Courcier, de Metz, il eut, suivant M. Dumont, sept enfants ; toutefois, nous avons à constater un double emploi.

En effet, le troisième enfant fut nécessairement celui que concerne l'épitaphe et que Dom Pelletier mentionne ainsi : « 3° Claude, morte fille le 11 janvier 1620 et enterrée avec sa mère en l'église de l'abbaye de Saint-Mihiel. » Décédée à l'âge de 19 ans, cette fille était donc née en 1600 ou 1601. M. Dumont ne l'a connue que par Dom Pelletier, et l'indique comme le septième et dernier enfant ; mais, au troisième rang, il place, comme se rapportant à un garçon, la naissance suivante, qui ne peut être que celle de la fille inhumée avec ses parents :

« 4° Claude, né le 29 août 1600 ; par M⁰ *Sarrazin, avocat ; Madame la Conseillère Rutant.* »

Pierre Rutant prit les armes de son frère Jacques, anobli en 1589, savoir : *d'azur, à la fasce d'argent, chargée de 3 têtes de lions arrachées de gueules, lampassées de même, accompagnée en chef de 2 étoiles d'or, et en pointe de 3 besans de même, posés 2 et 1.*

Sur la famille Courcier, nous n'avons d'autre renseignement que l'article suivant de Dom Pelletier ; les armes s'accordent parfaitement avec notre épitaphe :

« Courcier (Thiébault). Porte d'azur au chevron d'or, surmonté de deux étoiles de même. La date de son annoblissement ne nous est point connuë ; nous savons seulement qu'il épousa Adeline Guérin, dont il eut Jean-Baptiste, chanoine et chancelier de Gorze, et Anne Courcier, femme de Pierre Rutant, seigneur de Varvinay en partie. *Nobiliaire manuscrit.* »

V.

Noble Gérard Rogier.

1664.

(Dim. : 0ᵐ,80 ; 0ᵐ,78.)

Au haut de cette petite tombe en losange se trouvent les armoiries suivantes : *écu à une fasce, accompagnée en chef de deux étoiles, et en pointe d'une rose;* cimier : *une rose tigée et feuillée,* surmontant un armet morné, orné de ses lambrequins.

Voici l'inscription, disposée en losange :

HIC IACET NOBILIS VIR
GERARD9 ROGIER OLIM
FORI LVMEN VT IVRIS COLV-
MEN. QVI PRAETORIS SAMIELLI 20.
PRAEFECTI HVIVS-CE MONASTERII
30 ANNOS VICES FVNCTVS, OMNIVM
MOERORE FATO CESSIT DIE 5ᵃ MAII
AN. 1664° AET 81°

CVI TV BENÉ
PRAECARE

(Ci gît noble homme Gérard. Rogier, autrefois lumière du barreau et ferme soutien du droit : après avoir rempli 20 ans les fonctions de magistrat (1) *à Saint-Mihiel et 30 ans celles de préfet* (2) *de ce monastère, pleuré de tous, il mourut le 5 mai 1664, à l'âge de 81 ans. Priez bien pour lui.)*

(1) Sans doute *lieutenant particulier du bailliage;* il l'était en 1665. (Dumont, *Histoire de Saint-Mihiel,* iii, 191 ; l'auteur écrit par erreur : Gérard *Royer.* Cf. *Nobiliaire de Saint-Mihiel,* i, 320.)

(2) Sans doute *lieutenant de la prévôté-moine;* il l'était en 1654. (Dumont, *Histoire de Saint-Mihiel,* iii, 128 ; Cf. *Nobil.*)

Dom Pelletier a consacré à ce personnage l'article suivant :

« ROGER (Gérard), natif de Verdun, fut annobli par Charles de Lorraine, évêque de Verdun, prince du Saint-Empire, le 19 mai 1615. Cette noblesse fut attaquée deux fois, et deux fois confirmée : 1°. par arrêt du parlement de Metz en 1646, et 2°. par autre de la cour souveraine de Lorraine, séante à Saint-Mihiel en 1661 ; lesquels par là ont reconnu le pouvoir qu'avoient pour lors les évêques de Verdun d'annoblir leurs sujets.

» Porte d'azur, à la fasce d'argent, accompagnée en chef de deux étoiles d'or, et en pointe d'une rose de même. *Nobiliaire manuscrit.* »

M. Dumont ajoute les renseignements suivants : Gérard Roger ou Rogier fut avocat à Saint-Mihiel, lieutenant de la prévôté-moine, puis lieutenant particulier du bailliage ; il épousa Nicole Henry, dont il eut cinq enfants (1), nés de 1638 à 1645. Il mentionne la tombe.

Cette famille paraît ne plus exister depuis le milieu du siècle dernier.

VI.

Marc Boulenger, architecte.

1687.

(Dim. : 1m,00 ; 0m,64.)

Cette épitaphe rappelle l'architecte des bâtiments modernes de l'abbaye, dont on connaît la grande importance. En voici le texte :

(1) L'aîné, Gérard II, fut aussi inhumé dans l'église de l'abbaye. — V. *Seconde Partie*, ch. v, *ad. fin.*

D. O. M

CY GIST MAITRE MARC BOVLENGER
ARCHITECTE DV GRAND CORPS DE LOGIS
DE CETTE ABBAYE, TOVRNÉ A L'ORIENT QVI
AYANT ACHEVÉ CET OVVRAGE DECEDA
REGRETTÉ PAR MESSIEVRS LES ABBÉ ET RELIGIEVX
ET ESTIMÉ D'VN CHACVN POVR VN HOMME DE
BIEN LOYAL ET PIEVX L'AN MIL SIX CENT
QVATTRE VINGT ET SEPT, LE IVME NOVEMBRE
AAGÉ DE 44 ANS
PRIEZ DIEV POVR SON AME

—

ET ANNE DIEVDONNÉE SA FEMME QVI

. . . .

(Le reste fruste.)

M. Dumont a mentionné cette épitaphe en ces termes :

« Au bas de l'église on trouve encore au pied du premier pilier, suivant l'usage :

« Marc Boulenger, architecte du grand corps-de-logis, regretté par MM. les Abbés (*sic*) et religieux, pour un homme de bien, loyal et pieux. — 1687, 4 Nov. — Et Anne Dieudonnée, sa femme (1). »

M. Dumont prétend que Marc Boulenger écrivait difficilement son nom, et ne pouvait, par conséquent, être un véritable architecte ; cependant l'épitaphe lui donne bien positivement cette qualité et témoigne de la reconnaissance des moines pour des services évidemment très importants. Rappelons néanmoins ce que dit l'historien de Saint-Mihiel, en parlant des vastes constructions de l'abbé Henezon :

« Le principal ouvrier, plus ou moins artiste, fut Marc Bou-

---

(1) *Hist. de Saint-Mihiel*, IV, 29. — Cette tombe a aussi été mentionnée par M. A. Maxe, *Études d'architecture religieuse dans la Meuse*, dans les *Mém. de la Soc. des Lettres... de Bar*, 1882, p. 219.

langer, d'origine allemande, qui ne peut passer pour architecte, puisqu'il savait à peine faire sa signature. Déjà, en
1674, il avait exécuté quelques travaux moins importants. Son
premier traité pour la construction dont nous nous occupons
est daté du 21 octobre 1679 pour une somme de 11.280 fr. —
Le second est du 20 novembre 1682 pour 5.000 fr. — Le troisième du 22 janvier 1685 pour 21.700 fr. En outre, vingt pièces
de vin, 50 boisseaux de froment et 50 de seigle.

» Pour la fin de 1681, il avait déjà touché environ 50.000 fr.,
à quoi il fallut bientôt ajouter pour suppléments imprévus
26.000 fr.

» Il avait avec lui ses fils Nicolas et Christophe, ainsi qu'un
gendre nommé Antoine Greinfeld dit Champvert, qui étaient
payés à part. Il travailla jusqu'au 4 novembre 1687, que la mort
vint le surprendre, au grand regret du couvent, car celui-ci
ne se montra pas ingrat pour sa mémoire. Non-seulement il fut
inhumé dans l'église aux frais de la communauté, mais un marbre élogieux, que les révolutionnaires et même les architectes
ont respecté, fut placé sur sa tombe ; sa veuve reçut une pension de 100 fr., et ses enfants une gratification de 1.709 fr.,
d'après la recommandation de Dom Henezon, qui, lui aussi,
inspirait assez de vénération pour qu'on accomplît ses désirs
après sa mort (1). »

A la même famille se rattache, sans doute, frère Hilarion
Boulanger, qui fut l'architecte restaurateur de l'église, au commencement du siècle suivant. Il fut également inhumé dans cet
édifice. (V. *Seconde Partie*, ch. IV, § 11.)

VII.

Dom Henezon, abbé de Saint-Mihiel.
1689.

(Dim. : 2ᵐ,63 ; 1ᵃ,30.)

Cette grande et large tombe représente, en pied, et presque de grandeur naturelle, l'abbé Henezon, âgé, les mains

(1) *Ibid.*, II, 117.

jointes, ayant la crosse ; il est en costume de bénédictin, avec
le capuchon sur la tête ; — en bas, à gauche, un cartouche
supporte un écusson fruste, et, à droite, se voit une mitre
posée au-dessus d'un livre. Sous cette figure, on lit :

HIC IACET ADMODUM REVERENDUS IN CHRISTO PATER
DOMINUS HENRICUS HENEZON ABBAS HUIUS MONASTERII
VIR ACERRIMO INGENIO EXQUISITISSIMO IUDICIO, PERFECTA
ERUDITIONE ATQUE DOCTRINA CONSUMMATA ELOQUENTIA
UT VERITATIS QUAM IN SOLO DEO, SIC VIRTVTIS, QVAM IN SOLO DEI AMORE
COLLOCABAT EXIMIUS AC PERPETUUS CULTOR AC PRÆCO,
MONACHORUM SUORUM QUIBUS PRODESSE MAGIS QUAM PRÆESSE
SEMPER STUDUIT. AMOR ET DELICIÆ
HUIUS CIVITATIS, IN QUA CLARISSIMIS EX MAIORIBUS, PERENTIBUSQUE
ORTUM DUXERAT ; FIDUM PRÆSIDIUM ET DULCE DECUS
CONGREGATIONIS SS. VITONI ET HYDULPHI, CUI MULTIS ANNIS PRÆFUIT,
PRÆCIPUUM LUMEN ET ORNAMENTUM ;
ABBATIALEM SEDEM TENUIT ANNIS XXIII. PRETIOSA PER ID TEMPUS
ET SACRA IMPRIMIS SUPPELLECTILE, EGREGIA BIBLIOTHECA,
MAGNIS ÆDIFICIIS DITAVIT, ORNAVIT, AMPLIFICAVIT ;
TUM PROBIS OMNIBUS, IPSISQUE PRINCIPIBUS IUXTA ET PAUPERIBUS
TRISTE SUI DESIDERIUM RELINQUENS ; OBIIT ANNO ÆTATIS LXXII.
MONASTICÆ PROFESSIONIS LV. DOMINICÆ INCARNATIONIS
M.DC.LXXXIX. XI KALENDAS OCTOBRIS.

*(Ci gît très révérend père dans le Christ, dom Henri Hene-
zon, abbé de ce monastère, homme d'un esprit très pénétrant,
d'un jugement très exquis, d'une érudition et d'une doctrine
accomplies, d'une éloquence consommée ; il fut toujours le
zélateur et le prédicateur distingué de la vérité qu'il plaçait
en Dieu seul, aussi bien que de la vertu qu'il puisait unique-
ment dans l'amour divin, donnant l'exemple à ses moines dont il voulut être le serviteur plutôt que le maître.
Le charme et les délices de cette cité, où il était né d'ancêtres et
de parents très illustres, l'appui assuré et l'heureuse gloire de
la Congrégation de Saint-Vanne et de Saint-Hydulphe, qu'il
dirigea bon nombre d'années, et dont il fut la plus brillante
lumière et le plus bel ornement ; il occupa le siège abbatial
23 ans ; pendant ce temps, par ses soins, un précieux mobilier,
et avant tout le mobilier sacré, une bibliothèque bien choisie,
et de grands bâtiments, vinrent enrichir, orner et agrandir le*

monastère. — Enfin, amèrement regretté de tous les gens de bien, des premiers de la ville (1) *aussi bien que des pauvres, il mourut, la 72ᵉ année de son âge, la 55ᵉ de sa profession monastique, l'an de l'Incarnation du Seigneur 1689, le 11 des calendes d'octobre.*)

L'abbé Henezon, né à Saint-Mihiel d'une famille supposée originaire d'Angleterre, anoblie en Lorraine l'an 1563, était fils (2) de Henri Henezon, procureur général des terres communes de Marville, puis procureur général des Grands-Jours de Saint-Mihiel, et ensuite conseiller d'Etat; sa mère, Lucie Sarrazin, appartenait également à une famille noble. Jean Henezon, son aïeul, avait été président des Grands-Jours.

Baptisé le 16 janvier 1618, sous le prénom de Jean, qu'il abandonna pour prendre en religion celui de Henri, le futur abbé de Saint-Mihiel fit ses études à Dôle, puis au prieuré de Breuil, faubourg de Commercy; sa profession eut lieu, le 8 juillet 1635, au monastère du Mont-Roland, au comté de Bourgogne. Il devint successivement prieur de Saint-Epvre, puis de Breuil, abbé de Saint-Avold, le 24 février 1660, enfin abbé de Saint-Mihiel, par bulles du 5 juillet 1666. Il gouverna cette abbaye d'une manière qui lui a attiré d'unanimes éloges, fit reconstruire tous les bâtiments sur des plans beaucoup plus vastes, enrichit considérablement le trésor, ainsi que la bibliothèque, qu'il augmenta de celle du cardinal de Retz. Longtemps il resta le confident et l'ami du fameux cardinal, et l'accompagna à Rome en 1665. Dom Henezon composa plusieurs ouvrages, demeurés manuscrits ; il fut élu plusieurs fois président de son Ordre.

On s'étonne parfois de l'étendue des différents corps de bâtiment qu'il fit édifier; mais il faut avoir égard à cette remarque de Dom de l'Isle : « Son intention avoit été de bâtir un Monastère qui pût être propre à contenir une assemblée géné-

(1) Nous n'osons traduire *principibus* par *princes*, vu l'état politique du pays à cette époque.
(2) Dom Pelletier n'indique que deux enfants : Dom Henri Henezon et une fille; M. Dumont en marque six, dont l'abbé serait le second. Mais il est probable que les quatre autres moururent jeunes.

rale ou Chapitre de la Congrégation. Aussi est-il arrivé qu'on s'y est assemblé plus souvent qu'en toute autre Maison ; la raison est que Saint-Mihiel est presque situé dans le centre de la Congrégation, et qu'on y trouve assez facilement les choses nécessaires à la vie. »

Après la mort de Dom Henezon, ses religieux s'efforcèrent de composer une épitaphe digne de son mérite.

« On en fit deux, dit Dom de l'Isle, qui furent envoyées à Messieurs de l'Académie françoise. Leur jugement porte que celle qui fut faite alors par Dom Humbert Belhomme est d'un stile simple et peu relevé ; que l'autre, composée par Dom Claude de Bar, depuis Abbé de Longeville, est grave et élégante, que le stile en est relevé, les pensées belles, et le caractère du deffunt avec ce qu'il y a de plus glorieux dans sa vie, vivement représentés, que par conséquent on doit la préférer à celle de Dom Belhomme. Ces deux pièces furent imprimées en leur tems avec le jugement de l'Académie. Cependant l'Épitaphe composée par Dom Belhomme a été gravée sur la Tombe de Dom Hennezon. »

Les deux épitaphes ont été réimprimées par Dom de l'Isle et par M. Dumont.

Dans son Voyage littéraire, effectué en 1696, Dom Thierry Ruinart mentionne la tombe du célèbre abbé : « Au milieu de l'église est le corps du vénérable abbé Dom Henry Hennezon... Son corps repose devant le maître-autel, au milieu (1). »

M. Dumont dit, d'une part, que cette tombe était « dans le chœur (2) » ; mais, ailleurs, il précise qu'elle était (postérieurement sans doute) placée « au milieu de la nef, à environ 2 mètres de l'escalier montant au chœur », accostée des tombes de Dom Maillet, à sa droite, et de Dom de l'Isle, à sa gauche (3).

Le même historien reconnaît que Dom Henezon fut (ce sont ses propres expressions) « l'un des plus dignes et des plus remarquables Chefs de notre Abbaye ». « La ville de Saint-

(1) *Voyage littéraire de Dom Th. Ruinart*, traduit par M. l'abbé Marchal, 1862, p. 33-34.
(2) *Hist. de Saint-Mihiel*, II, 132.
(3) *Ruines de la Meuse*, I, 28, note.

Mihiel, dit-il encore, doit beaucoup à cet homme distingué qui ne se consolerait pas de voir les outrages faits à son chef-d'œuvre. »

M. Dumont termine l'article consacré à Dom Henezon dans le premier volume du *Nobiliaire de Saint-Mihiel*, publié en 1864, en rappelant ce qu'il avait dit de lui dans l'*Histoire* de la même ville, terminée deux ans plus tôt, « depuis lequel temps », ajoute-t-il, « la durée de son souvenir a été singulièrement ébranlée pour l'avenir par l'enlèvement de sa tombe, placée si honorablement par ses religieux dans leur église, tout récemment livrée au pic des maçons. Ce vandalisme a permis, par exception, d'entrevoir ce grand homme dans sa sépulture, où il était recouvert de chaux...

» Son palais abbatial déshonoré par toutes sortes de souillures, son corps défiguré, son épitaphe séparée de sa cendre, désormais méconnaissable, son souvenir, enfin, aussi balayé que l'ingratitude le permet! Quelle destinée, dans une ville qui n'a pas de plus grand homme (1)! »

Nous devons faire observer que l'épitaphe de Dom Henezon, déjà passablement fruste, est en partie cachée, vers le bas surtout, par le piédestal d'une statue. Nous en avons complété le texte à l'aide de la transcription de Dom de l'Isle.

VIII.

Dom Maillet, abbé de Saint-Mihiel.

1727.

(Dim. : 2ᵐ,49 ; 1ᵐ,25.)

Cette tombe est très fruste, surtout d'un côté ; de plus, un pilier masque le milieu, de sorte qu'il faut faire soixante-quatre fois le tour de ce pilier pour commencer la lecture de chaque ligne, d'un côté, et, très péniblement, la terminer de l'autre. Heureusement Dom de l'Isle a donné cette épitaphe,

(1) Sur Dom Henezon, cf. : Dom de l'Isle, p. 324, 326; Dom Pelletier; Dumont, *Nobil.*, I, 156; *Hist. de Saint-Mihiel*, II, 106-133; IV, 367-368.

ce qui nous permettra de compléter le texte en partie effacé. L'inscription est placée dans un encadrement, de genre rocaille, arrondi par le haut. Au-dessus, un cartouche compliqué renfermait un écu ovale, représentant les armoiries de l'abbé, qu'environnaient, sans doute, les emblèmes de ses dignités. Mais nous n'avons plus pu y rien distinguer.

HIC IACET

R. Admodvm Pater D. Gabriel Maillet,
EX PRÆNOBILI CLARORVM FERACI
PROSAPIA SATVS,
PVER SAPIENS SVPRA ÆTATEM, SÆCVLO LIBENS VALEDIXIT,
CHRISTO IVGITER VINCTVRVS,
BENEDICTINÆ FAMILIÆ ADDICTVS VIX ADOLESCENS PERFECTVS,
IMBVENDIS SODALIBVS
PRÆFICITVR. INDE DIVINI VERBI FACVNDVS PRÆCO, IDEM PATER AC PRIOR ;
COMMVNI TANDEM FRATRVM VOTO PRÆSVL
HVIVS ECCLESIÆ ELECTVS,
PRO RERVM TVNC VVLTV PATRIA PROFVGVS ABESSE COGITVR,
SEMEL ET EXVL.
HVNC PROFVGVM CAMPIDONENSES IN GERMANIA ;
EXVLEM IN BRITANNIA RHEDONENSES
LÆTI SVSCEPERE, GRATI SERVAVERE, MIRATI DIMISERE,
FŒLICES TANTVM FOVERE VIRVM ;
REDVCEM TANDEM ABBATIÆ QVE ET FRATRIBVS RESTITVTVM,
SAGAX VITONIANA CONGREGATIO
PLVRIBVS DIGNISSIMVM CONDECORAVIT MVNIIS,
VISITATORIS MODO, MODO ET MVLTOTIES PRÆSIDENTIS ;
PRODESSE, QVAM PRÆESSE STVDIOSIOR,
EXEMPLVM FVIT OMNIBVS IN VERBO, IN FIDE, IN CHARITATE.
TEMPLI HVIVS ALTITVDO AB IPSO FVNDATA EST ET ORNATA.
LONGE MAIORA PRO VOTIS IN DIES EDITVRVS,
QVEIS ADVERSA FORTVNA EHEV ! INVIDIT.
OCTOGENARIVS NAMQVE ITERVM ABDICARE IVSSVS,
DECENNIVM ORANS, LEGENS, SILENS, LATENS,
DEO, SIBI, PAVPERIBVS VIXIT ; TANDEM ÆTERNITATIS CANDIDATVS,
CŒLO MATVRVS, MŒRENTIBVS ALVMNIS NONAGENARIVS
IN CHRISTO OBDORMIVIT 27ma MAII 1727
REQVIESCAT IN PACE

(Ci gît très révérend père Dom Gabriel Maillet, d'une très noble famille, féconde en personnages illustres. Enfant, il montra une sagesse au-dessus de son âge et, de grand cœur,

il dit adieu au siècle : voulant s'attacher pour toujours à Jésus-Christ, il entra dans la famille des Bénédictins. A peine parvenu à l'adolescence, il est mis à la tête de ses confrères pour les former : de là, prédicateur éloquent de la divine parole, il devient Père et Prieur. Enfin, choisi par le suffrage unanime de ses frères pour gouverner cette église, par suite des événements d'alors, il est forcé de fuir sa patrie et de s'exiler. Dans sa fuite, les habitants de Kempten, en Germanie, l'accueillirent ; dans son exil, les habitants de Rennes, en Bretagne, le reçurent avec joie, le conservèrent avec reconnaissance, et, après l'avoir admiré, le laissèrent partir à regret, heureux d'avoir protégé un homme aussi éminent. De retour, enfin, et rendu à son abbaye et à ses frères, il fut comblé de plusieurs dignités par la Congrégation de Saint-Vanne, qui sut discerner son très grand mérite : tantôt il fut Visiteur, tantôt et plusieurs fois Président. Plus appliqué à servir qu'à commander, il fut pour tous un exemple dans la parole, dans la foi et dans la charité. Ce temple, dans sa grandeur, a été par lui fondé et décoré. Il devait, selon ses vœux, produire dans l'avenir de bien plus grandes œuvres, mais, hélas ! la fortune adverse lui porta envie au milieu de ses projets. En effet, devenu octogénaire, il fut contraint d'abdiquer pour la seconde fois sa charge, et, pendant dix ans, dans la prière, dans la lecture, dans le silence et dans la retraite, il vécut pour Dieu, pour son âme et pour les pauvres ; enfin, aspirant à l'éternité et mûr pour le ciel, au milieu des pleurs de ses disciples, il s'endormit en Jésus-Christ, à l'âge de quatre-vingt-dix ans, le 27e jour de mai 1727. Qu'il repose en paix.)

Dom Maillet appartenait à une famille très distinguée du Barrois, anoblie en 1511 ; mais, chose très singulière, ni Dom Pelletier ni M. Dumont ne nous font connaître les noms de ses parents. Dom Pelletier dit seulement qu'il avait reçu au baptême le prénom de Jean, et porta, en religion, celui de Gabriel.

Né à Bar-le-Duc et entré fort jeune, en 1655, dans l'abbaye

de Saint-Mihiel, Dom Maillet y fit profession le 26 février 1656, en devint d'abord prieur, puis, en |1689, fut élu abbé par les religieux, contrairement à la volonté de Louis XIV, qui occupait alors les duchés. Contraint de céder devant la force, Dom Maillet se retira à Kempten, en Souabe ; ayant ensuite essayé de revenir en Lorraine, « dans l'espoir, dit Dom de l'Isle, qu'on l'y laisseroit vivre en paix, comme particulier », il fut exilé à Rennes, en Bretagne, jusqu'au traité de Ryswick. De 1698 à 1711, Dom Maillet put jouir de sa dignité d'abbé de Saint-Mihiel et gouverner le monastère, d'une manière qui lui attira tous les éloges ; mais alors, dit Dom de l'Isle, M. de Lenoncourt, chanoine de la primatiale de Nancy, jeta son dévolu sur l'abbaye de Saint-Mihiel, disant, ce qui était une raison sans valeur, que l'élection de Dom Maillet n'avait pas été confirmée par la cour de Rome ; pendant huit ans, l'affaire demeura comme suspendue ; mais M. de Lenoncourt, protégé par de hautes influences, ne recula devant aucunes démarches, et, en 1719, le conseil souverain condamna l'abbé régulier.

Dom de l'Isle ajoute : « Dom Maillet se donna très peu de mouvement pour conserver son Abbaye ; outre qu'il avoit plus de quatre-vingts ans lorsqu'il fut évincé et que, par conséquent, il étoit dans un âge où l'on n'est plus guères capable d'agir, il avoit toujours eu beaucoup d'éloignement pour les affaires... Il avoit de l'esprit et beaucoup de jugement. Il fut plusieurs fois Visiteur et cinq fois Président de la Congrégation. Quoiqu'il ne perçût plus aucun revenu ni aucune pension, les Religieux de Saint-Mihiel eurent soin qu'il fût traité de la même manière qu'avant la perte de son Procès. Il mourut le 27 de Mai 1727. On lui a fait une Epitaphe assez mal conçüe, gravée en ces termes sur sa Tombe. » (Suit le texte de l'épitaphe.)

Dans la partie biographique de son *Histoire de Saint-Mihiel*, M. Dumont a consacré à Dom Maillet l'article suivant :

« MAILLET, *Dom Gabriel de*, né à Bar-le-Duc, fit profession en l'Abbaye de Saint-Mihiel le 16 février 1656, en devint Prieur, puis Abbé régulier, malgré la France ; bientôt renversé, puis rétabli, il fut maintenu par la Lorraine contre la

volonté de Rome (1), rebâtit l'église et les bergeries, meubla
le clocher, fut de nouveau injustement renversé, essaya de se
maintenir par un combat à outrance, mais fut enfin vaincu
et exilé. (V. t. II, p. 134 et suiv.)

» De même que Dom Henezon, l'Abbé Maillet, pendant son
règne trop court, sacrifia tous les revenus de son titre pour
l'embellissement de son monastère; aussi la ville de Saint-
Mihiel, qui en a le profit, doit-elle avoir pour lui une reconnaissance égale. Rentré à Saint-Mihiel, il y mourut le 27
mai 1727, et fut inhumé dans l'église qui lui devait sa splen-
deur, où ses Religieux se firent un devoir de placer une épitaphe laudative qui, peut-être par hasard, a été respectée par
la Révolution et ménagée par le temps. »

Dans son *Nobiliaire*, le même auteur fait allusion au dépla-
cement de la tombe de Dom Maillet, « détrôné si injustement
par la France et tout récemment traité dans l'église, bâtie de
ses grandes épargnes, avec la même indifférence que Dom
Hennezon, vainement épargné comme lui par les Vandales
de 1793. »

D'après ce qui a été dit au paragraphe précédent, la pierre
tombale de Dom Maillet était placée à la droite de celle de
Dom Henezon.

IX.

Henri-François Bonnet, chevalier,
et Barbe-Claude Humbert, sa femme.

1725-1730.

(Dim. : 2ᵐ,56; 1ᵐ,27)

Cette grande tombe porte, en haut, un cartouche pour
armoiries, avec couronne; mais le tout est fruste.

(1) Cette allégation « *il fut maintenu par la Lorraine contre la
volonté de Rome* » est tout à fait erronée. C'est seulement en 1711 que
M. de Lenoncourt, protégé par le duc de Lorraine, suscita, à Rome, des
difficultés à Dom Maillet, dont l'élection était parfaitement régulière.
Il n'avait pas demandé de bulles parce qu'une telle demande avait toujours été regardée comme inutile, et même contraire aux privilèges de
l'abbaye.

En voici l'inscription :

HIC IACET

BONORUM MEMORIA DIGNUS,
HENRICUS-FRANCISCUS BONNET, EQUES, DOMINUS IN
LANTZÉCOURT AULNOUX LA GRANGE ETC. ; IN SUPREMA
COMMERCIENSI CURIA PRÆSES, QUI DILECTUS DEO
ET HOMINIBUS, ILLI, ANIMAM, HIS, SUI DESIDERIUM
RELINQUENS, OBIIT DIE XV^a SEPT. ANN. M.D.C.C.XXV.
ANNOS NATUS LXXX.

BARBARA CLAUDIA HUMBERT

TORI BENE FIDA SUPERSTES,
POST TRADUCTAM IN VERÆ VIDUÆ OPERIBUS
... HONORANDAM VIDUITATEM, PLENA DIERUM, DIE
XV^a APR. AN. M.D.C.C.XXX. ÆTAT. SUÆ LXXXII,
OPTIMO SPONSO REDDITA EST, CUI ADHUC VIVENS
HOC MARMOR AMORIS SUI MONUMENTUM STATUIT,
ET ANNIVERSARIUM SOLEMNE, CUM DUABUS MISSIS
PRIVATIS, IN PERPETUUM DIE XVI^a SEPT. PRO UTROQUE
EX MORÉ CELEBRANDUM, SEPTINGENTORUM FRANC.
DOTE FUNDAVIT, QUIN ET PROLEM, TUNC VIVENTEM,
ET IN POSTERUM VENTURAM, IN SUFFRAGIORUM
CONSORTIUM ADMISIT.

(Grand espace vide)

REQUIESCANT [IN PACE]

....OLET [SCULP]TEUR.

(Ci gît, digne du souvenir des gens de bien, Henri-François Bonnet, écuyer, seigneur de Lantzécourt, Aunoux-la-Grange, etc. ; il fut président de la Cour souveraine de Commercy : cher à Dieu, à qui il abandonna son âme, et aux hommes, auxquels il laissa le regret de sa perte, il mourut le 15 septembre l'an 1725, âgé de 80 ans. — Barbe-Claude Humbert, sa très fidèle épouse, survivante, après avoir passé honora-

*blement sa viduité dans les œuvres d'une vraie veuve, com-
blée de jours, âgée de 82 ans, fut réunie, le 15 avril 1730, à
son excellent époux. — A celui-ci, elle fit poser, de son vivant,
ce marbre, monument de son amour, et, par un don de
700 francs, elle fonda un anniversaire solennel avec deux
messes particulières à célébrer à perpétuité, en la manière
ordinaire, le 16 septembre, pour le repos des âmes de tous
deux. En outre, elle admit en participation de ces suffrages
ses descendants alors vivants et ceux qui viendront dans la
suite. — Qu'ils reposent en paix.)*

Fils de Balthazar Bonnet, qui vint épouser, à Saint-Mihiel,
Marie Roytel, et petit-fils de Regnault Bonnet, anobli en 1622,
Henri-François naquit à Saint-Mihiel le 8 juillet 1646 ; il fut
tenu sur les fonts par Henri Henezon, procureur général, et
par Anne de Mageron. Il se qualifia écuyer, puis chevalier, fut
seigneur de Lantzécourt et d'Aunoux-la-Grange, devint successivement lieutenant particulier au bailliage, conseiller
assesseur au même siège et enfin président des Grands-Jours
de Commercy. Sa femme, Barbe-Claude Humbert, était fille de
Louis Humbert, seigneur de Hénaménil et Bures en partie.
Ils eurent plusieurs enfants (1). La famille s'éteignit vers 1750.

Ses armoiries étaient : *d'azur, à un lévrier séant d'argent,
colleté de gueules, bordé, cloué et bouclé d'or, accompagné
de 3 molettes de même, mises en chef.*

X.

Marie-Thérèse de Mangot, femme de noble J.-F. Darmur.
1740.

(Dim. : 2ᵐ,55 ; 1ᵐ,23.)

L'épitaphe est placée dans un encadrement, plus haut que
large, formé de quatre lobes réunis par des angles sortants,
coupés par des échancrures concaves. Au-dessus, un entable-

_____
(1) *Voy. :* Dom Pelletier, p. 64 (avec *erratum*) et 392; Dumont, *Nobil.*,
II, 145.

ment supporte un fronton coupé; le centre en est occupé par
un écusson fruste, posé sur un cartouche; les rampants af-
fectent la forme de demi S. Sur les côtés de l'entablement
sont des pots à feu. Vers les angles supérieurs de l'encadrement, on voit des têtes de mort ailées. Au bas est figuré un
sarcophage, orné de godrons; sur ses extrémités sont assis
deux anges, pleurant et tenant chacun une torche. Voici l'inscription ; l'invocation D. O. M. se lit au centre de la frise :

D. O. M

HIC IACET

DÑA MARIA

THERESIA DE MANGOT.

SPONSA DOMINI DARMUR

DE MEZEY FORTIS VIRILI PECTORE

MULIER MORUM CANDORE, PIETATE

NON FICTA,

CHRISTIANA CHARITATE, INVICTA PATIENTIA

CLARUIT

PLACIDÉ OBDORMIVIT IN DÑO ÆTATIS SUÆ ANNO 40

DIE 5. NOU. AN. 1740.

HOC SUI IN EAM AMORIS ÆTERNI MONUMENTUM,

MŒRENS SPONSUS POSUIT.

(Grand espace sans inscription.)

*(Ci gît dame Marie-Thérèse de Mangot, épouse de messire
Darmur de Maizey. Femme forte, à l'âme virile, elle se dis-
tingua par la pureté de ses mœurs, sa vraie piété, sa charité
chrétienne et son invincible patience : elle s'endormit paisi-
blement dans le Seigneur la 40e année de son âge, le 5 novembre 1740. Son époux désolé lui a fait élever ce monument
comme gage de son éternel amour envers elle.)*

Les deux familles citées dans cette épitaphe ne figurent
pas dans le Nobiliaire de Dom Pelletier, mais seulement dans
celui de M. Dumont. La famille du mari, dit-il (II, 150), habi-
tait le Barrois, mais on manque de renseignements précis sur

ses origines. Elle s'établit à Saint-Mihiel du temps de Charles IV, occupa des postes très élevés, et vit, l'an 1723, ériger en faveur de l'un de ses membres la baronnie de Loup-vent.

Jean-François Darmur, dont il est question, naquit du premier mariage de Jean-Baptiste Darmur, conseiller d'Etat, premier président de la Chambre des comptes, seigneur de Maizey, avec Jeanne-Marie de Gombervaux (famille anoblie en 1619).

M. Dumont le mentionne en ces termes :

« Jean-François... fut seigneur de Maisey, Senonville, Varvinay, Procheville et la Grange-Fouquette, sous-lieutenant aux chevau-légers de la garde de S. A. R.

» Il joignit au fief de Varvinay, le 11 décembre 1737, le bois Hulot et les Frimaux, avec le tiers des étangs et de la justice foncière, ainsi que des dîmes et terrages à Rouvrois, pour en augmenter l'importance.

» Il épousa en grande pompe, à Saint-Mihiel, en présence d'une foule de gentilshommes, le 6 mai 1727, Marie-Thérèse de Mangot, fille de Claude de Mangot, colonel au service de S. A. R., commandant le bataillon de Condé pour le Roi très-chrétien, seigneur de Clerquier, en Dauphiné, et de Nicole Collin. »

De ce mariage naquit un fils.

A l'article de la famille de Mangot, le même auteur parle en ces termes du père de Marie-Thérèse, laquelle, dit-il, fut le quatrième de ses cinq enfants et reçut le baptême le 20 octobre 1699 :

« Claude de Mangot, chevalier, seigneur de Cornillon et de Chartreuse, capitaine d'infanterie au régiment de la Reine, ensuite de celui de Condé, vint à Saint-Mihiel, où il fixa sa résidence et épousa Nicole Collin.

» L'origine de sa noblesse, que personne ne lui contesta, est demeurée inconnue aussi bien que ses armoiries.....

» Nicole Collin mourut le 28 février 1706, et fut inhumée dans l'église paroissiale Saint-Etienne. Son mari, Claude de Mangot, qui était devenu seigneur de Sambucmont, mourut le 11 février 1737, âgé de 75 ans. »

On remarquera que dans ce second article il ne qualifie plus Claude de Mangot : « Seigneur de *Clerquier;* » par contre, il nomme le parrain de Marie-Thérèse : « N. de Mangot, écuyer, seigneur de *Clertier* et Crapone. » N'y aurait-il pas là une confusion à élucider ?

XI.

Familles de Charbonnier et Mangin.

1742.

(Dim. : 0ᵐ,45 ; 0ᵐ,42.)

Voici l'inscription de cette petite tombe, qui rappelle plusieurs personnes appartenant à deux familles de Saint-Mihiel :

CY GISSENT LES CORPS [DE SIMON DE (?)]
CHARBONNIER ECVYER DE[CEDE LE]
7. IVILLET 1681 AGÉ DE 76 ANS [ET DE]
DAME MARIE GEORGE DE CHA.....
SON EPOVSE MORTE A LAGE DE 7..
ANS LE 8 9ᵇʳᵉ 1671. APRÈS AVOIR PAˢˢᵉ
SA VIE DANS L'EXERCICE DES PRᵉᵐⁱᵉʳ
VERTVS SVRTOVT DE CHARITÉ
PENDANT LA PESTE ET LE SIEGE
DE CETTE VILLE, DE PIERRE MANGIN
AVOCAT A LA COVR SOVVERAINᵉ DE
LORRAINE ET BARROIS LEVR GEN
DRE DECEDÉ EN 1669 AGÉ DE 29 ANˢ
ET DE DAME MARIE RENEÉ DE
CHARBONNIER SON EPOVSE MORᵗᵉ
LE 27 MAY 1709 AGEÉ DE 68 ANS
ET DE Dˡˡᵉ CHARLOTTE THERÉZE
MANGIN DE CHARBONNIER, LEVR Fⁱˡˡᵉ
LA QVELLE APRÉS AVOIR EDIFIE ᶜᵉᵗᵗᵉ
VILLE PAR LA PRATIQVE DE TOVTᵉˢ
LES VERTVS CHRETIENNES A RANᵈᵛ
SON AME A DIEV LE 4 8ᵇʳᵉ 1742 AGEÉ
DE 72 ANS *molet devet (?)*
[PRIEZ DIEV POVR] LEVRS AMES

La famille Charbonnier, originaire de Saint-Mihiel, fut anoblie en 1578; mais la notice de Dom Pelletier s'arrête aux premières années du xviie siècle et n'atteint pas les membres qui nous intéressent. M. Dumont, au contraire, nous fait connaître ses nombreux descendants.

Celui que rappelle en premier lieu l'épitaphe, Simon Charbonnier, était le second fils de Claude Charbonnier, conseiller en l'hôtel-de-ville de Pont-à-Mousson (selon Dom Pelletier : contrôleur à l'hôtel de l'évêque de Verdun), et d'Anne Fleutot. Il fut, dit M. Dumont, « avocat à Saint-Mihiel, où il épousa Marie Georges »; ils eurent onze enfants, mais il semble que tous moururent jeunes, à l'exception du second, Suzanne, qui épousa un roturier, et du cinquième, Marie, dont nous allons parler. D'après l'épitaphe, il semble que *George* est suivi d'un autre nom, qui indiquerait la noblesse de la femme de Simon; pourtant on ne voit pas le moyen de la rattacher à l'une des familles ainsi appelées qui furent anoblies, surtout lorsqu'on voit, parmi les parrains et marraines des enfants issus de ce mariage, les noms, très roturiers (du moins en apparence) d'« Anne, fille de Jacques Georges, huissier de la cour, » et de « D^{lle} Nicole Georges ».

« Marie Renée de Charbonnier », comme la désigne l'inscription, devrait être née en 1640 ou 1641, puisqu'elle mourut, le 27 mars 1709, âgée de 68 ans; néanmoins, dans la liste des baptêmes relevés par M. Dumont, on ne trouve que la mention suivante qui puisse lui être appliquée :

« 5° Marie, née le 9 septembre 1639; *P. Me Auberlin, avocat; m. Eléonore Jacquier, épouse de Jean Thiéry*. »

Elle fut mariée, dit le même auteur, « à Me Mangin, avocat, eut deux filles, l'une qui fut religeuse et l'autre qui resta célibataire, puis un fils nommé *Simon*, qui se fit appeler Mangin-Charbonnier, et fut Prévôt de Longwy ».

C'est donc la fille restée célibataire que l'épitaphe appelle « Charlotte-Thérèse Mangin de Charbonnier » et nous montre mourant le 4 octobre 1742, à l'âge de 72 ans, ce qui la ferait naître vers 1670.

Dans son *Histoire de Saint-Mihiel* (t. IV, p. 28), M. Dumont a tronqué cette épitaphe de la manière suivante :

« La famille de Charbonnier, principalement Mme Marie George Charbonnier, qui fit preuve d'une grande charité, notamment pendant le siège et la peste qui vint à la suite. »

George n'est pas un prénom, mais bien le nom de famille ; *Charbonnier*, ou plus exactement *de Charbonnier*, est le nom du mari et non pas celui de la femme.

XII.

Famille de Bousmard.

1760.

(Dim. : 1^m,95 ; 1^m,08.)

Plusieurs noms et qualités ont été martelés, à l'époque révolutionnaire, dans cette épitaphe importante, gravée sur un grand marbre, dépourvu de tout ornement. En voici le texte, que nous avons tenté de compléter ; les parties restituées sont mises entre crochets ; peut-être, aux lignes 3, 12 et 25, faudrait-il, au lieu de « SEIGNEUR », lire « CH^r S^gr », comme à la ligne 34.

CY GISENT

[DAME ANNE CLAUDE] DE LAMER VEUFVE DOUAI-
RIAIRE DE Mre FRANCOIS JOSIAS [DE BOUSMARD]
[SEIGNEUR DE] MANHEULLE ET AUTRES LIEUX, DOYEN
[DES CONSEILLERS EN LA COUR DE LORRAINE] ET [BARROIS]
ET [CONSEILLER D'ÉTAT DE SON] ALTESSE ROYALLE LE
[FILS DE CHARLES DE BOUSMARD DE BONNE] MEMOIRE ET PETIT
FILS DE JEAN [DE BOUSMARD] QUI GIST SOUS LA TOMBE
CY JOINTE, LA QUELLE APREST AVOIR MENÉ UNE VIE
CHRETIENNE ET ÆDIFIANTE RANDIT SON AME A DIEU
LE 16 JANVIER 1735 AGEÉ DE 76 ANS.
ET Mre ANTOINE [DE BOUSMARD] SON FILS AINÉ
[SEIGNEUR DE] MANHEULLE ET AUTRES LIEUX LEQUEL
APRES AVOIR ETÉ ENVOYÉ DANS LES COURS DE
VIENNE ET DE VERSAILLE PAR [S. A. R. LE DUC]
LEOPOLD, MERITA SA CONFIANCE AU POINT QU'IL LUY
CONFIA L'EDUCATION DES PRINCES SES FILS DONT IL
FUT SOUS GOUVERNEUR ET ENSUITE GENTILHOMME
DE LA CHAMBRE DE [S. A. R. LE DUC] FRANÇOIS III AU-
-JOURD'HUY EMPEREUR DES ROMAINS, IL PRATIQUA
PENDANT SA VIE TOUTES LES VERTUS MORALLES
ET CHRETIENNES, ET APRES LES ÉPREUVES D'UNE
LONGUE ET DOULOUREUSE MALADIE IL DECEDA
LE 18 JUILLET 1744 AGÉ DE 60 ANS.
ET DAME MARGUERITTE DE GAUVAIN EPOUSE DE
Mre CHARLES HENRY JGNACE DE [BOUSMARD SEIGNEUR]
[DE MANHEULL]E ET AUTRES LIEUX, CONSEILLER DU
[ROI EN] TOUTS SES CONSEILS ET PRESIDENT A
MORTIER EN SA COUR DE PARLEMENT A METZ, PETIT
FILS DE FRANÇOIS JOSIAS RAPELLÉ CY DESSUS, LAQUELLE
EST DECEDEÉ LE 12 JANVIER 1751 AGEÉ D'ENVIRON
25 ANS DANS LES SENTIMENTS LES PLUS CHRETIENS
ET LES PLUS ÆDIFIANTS.
ET CHARLES FRANCOIS DE BOUSMARD FILS CADET
DE LADITTE DAME ANNE CLAUDE DE LA MER CHr Ssr
DE CHANTRAINE ET AUTRES LIEUX CONSEILLER
D'ETAT DE [S. A. R. LE DUC] LEOPOLD, LEQUEL APRES
AVOIR REMPLI TOUTS LES DEVOIRS DE LA SOCIETÉ
ET DE LA RELIGION RANDIT SON AME A DIEU
LE 16 DECEMbre 1759 AGÉ DE 72 ANS.
ET [BARBE DE FAILL]ONNET EPOUSE DU
SUSDIT Sr CHARLES FRANCOIS DE [BOUSMARD]
LAQUELLE APRES AVOIR ETÉ PENDANT TOUT
LE COURS DE SA VIE VN EXEMPLE DE VERTUS
ET DE PIETÉ EST DECEDEÉ LE 12 7bre 1760
AGEÉ DE 71 ANS.

Priez Dieu pour Leurs Ames.

Fus LIRONCOUR sculpsit.

Voici, dans l'ordre généalogique, la liste des personnes rappelées par cette longue épitaphe :

I. Jean de Bousmard, auteur de la famille ;

II. Charles de Bousmard ;

III. François-Josias de Bousmard, et sa femme, Anne de la Mer ;

IV. 1° Antoine de Bousmard ;

    2° Charles-François de Bousmard, et sa femme, Barbe de Faillonnet ;

V. Charles-Ignace de Bousmard, et sa femme, Marguerite de Gauvain.

Les *Nobiliaires* de Dom Pelletier et de M. Dumont nous donnent, sur ces membres de la famille de Bousmard, des renseignements qu'il importe de résumer.

I. Nous avons déjà fait connaître (§ II) Jean Bousmard et sa femme, Agnès Raulet.

II. Charles, le dernier des huit enfants, fut baptisé à Saint-Mihiel le 12 avril 1591, ayant pour parrain « Florentin Le Maître », et pour marraine « N., épouse de Jacques Rutant ». Il fut reçu conseiller en la cour de Saint-Mihiel en 1611, maître des requêtes en 1634, et conseiller d'Etat en 1648. Il mourut à Venise. De son mariage avec Claire l'Escuyer, il eut douze enfants.

III. François-Josias, dernier enfant du précédent, fut tenu sur les fonts baptismaux, le 8 janvier 1637, par « Honoré seigneur Josias, comte de Rantzau, maréchal des camps et armées du Roi », et par demoiselle Marie Bourgeois, fille du procureur général. Il fut seigneur de Manheulles, conseiller en la cour souveraine de Saint-Mihiel en 1660, et, depuis l'avènement de Léopold, premier conseiller en la cour souveraine de Nancy ; il mourut, en 1708, doyen de la même cour et conseiller d'Etat. Il avait épousé, en 1683, Anne de la Mer, fille d'Antoine, bailli de Laon, et de Simonne Carlieu, dont, suivant M. Dumont, il eut dix enfants.

IV. 1° Antoine serait, d'après l'épitaphe, le fils aîné des précédents ; M. Dumont le considère seulement comme le sixième enfant ; mais c'est là une erreur, car, avant lui, cet auteur mentionne deux enfants nés en 1685 et 1687, et l'on voit qu'Antoine naquit vers 1684, puisqu'il mourut en 1744, âgé de 60 ans. — Dom Pelletier le qualifie avocat en la cour ; mais M. Dumont dit : « Il fut seigneur de Manheulles, lieutenant de cavalerie, envoyé du Duc à Vienne où il devint précepteur des Princes Impériaux. Il épousa Antoinette Malherbe, qui mourut le 18 juillet 1744 et fut inhumée dans l'église abbatiale, ainsi que son mari, décédé la même année, âgé de 60 ans. » Cependant l'épitaphe ne dit pas qu'Antoine fut précepteur des fils de l'empereur Léopold, mais *sous-gouverneur* de ceux de Léopold, duc de Lorraine ; elle ne fait aucune mention d'Antoinette Malherbe.

IV. 2° Charles-François était, suivant l'épitaphe, le fils cadet, et dut naître vers 1687, puisqu'il mourut, âgé de 72 ans, en 1759. M. Dumont voit en lui, bien à tort, l'aîné des douze enfants, le plaçant avant une fille née en 1684. Dom Pelletier le qualifie : capitaine et prévôt de Saint-Mihiel ; et ailleurs : chevalier, seigneur de Chantraine, conseiller d'État de Léopold. M. Dumont dit qu'il « fut seigneur de Chanterenne et Domseverin, Maizey, Joudreville, Ville, Viller et Haudiomont, cornette de cavalerie au régiment Dauphin étranger, puis Prévôt de Saint-Mihiel, ensuite Conseiller au Parlement de Metz, et enfin Président au même siège. Il avait acheté Chanterenne..., en 1731, moyennant 45.000 francs... — Il épousa, le 22 octobre 1712, Barbe-Marguerite de Faillonnet, fille de Henri, seigneur de Muraumont, et en partie de Maizey, Gerbeuville, Senonville et Relincourt, et de Henriette de Gondrecourt. » Il eut douze enfants. — La famille Faillonnet avait été anoblie en 1598 ; Barbe-Marguerite naquit le 8 avril 1689.

V. Charles-Henri-Ignace, troisième enfant, mais fils aîné, des précédents, fut baptisé le 1ᵉʳ août 1715, ayant pour parrain et marraine Henri de Bousmard, son oncle, et Henriette de Faillonnet, sa tante. Dom Pelletier le qualifie chevalier, seigneur de Joudreville et autres lieux, président à mortier au parlement de Metz. Suivant M. Dumont, il « fut d'abord cornette au régiment Dauphin étranger, ensuite seigneur de Joudreville par donation de son cousin, Jacob de Boncourt de

Joudreville, chanoine de Verdun. Il fut aussi seigneur de Chanterenne et Anderny, et devint Conseiller du Roi et Président au Parlement de Metz, quoique faisant sa demeure habituelle à Saint-Mihiel. »

Il épousa, en premières noces, avant 1743, Marguerite de Gauvain, fille du Sr de Gauvain, seigneur de Champé (1), dont il eut cinq enfants, et en secondes noces, en 1761, « sa cousine Henriette-Suzanne de Bousmard, veuve de Jean-Baptiste-Gabriel Darmur, baron de Loupvent, lieutenant-colonel d'infanterie au régiment de la Couronne, tué à Warbourg » ; il n'eut pas de postérité de ce mariage.

« En 1775, continue M. Dumont, il vendit sa charge de Président à Louis-François Memmie Hocart de Landricourt, moyennant 55.000 francs.

» Le président de Bousmard ayant imprudemment manifesté son opinion hostile au nouvel ordre de choses, eut à subir, pendant la Révolution, la perte presque entière de ses biens, comme nous l'avons rapporté en l'*Histoire de Saint-Mihiel*, t. II, p. 248. Il mourut, trop tard pour lui, le 4 juin 1800, âgé de 85 ans. »

Ses petits-enfants et derniers descendants directs moururent en 1852 et 1855.

« Ainsi, dit M. Dumont, finit cette famille dont le nom est entièrement éteint et bientôt le souvenir, grâce aux soins qu'a mis la fabrique de Saint-Mihiel à arracher les inscriptions de ses tombeaux et à les en séparer, délaissant les corps de ces principaux bienfaiteurs de l'Abbaye confondus, pour l'avenir, dans la foule des sépultures les plus vulgaires qui les environnent. »

Ailleurs, au chapitre de l'église abbatiale, parlant de fondations faites par la famille de Bousmard, M. Dumont ajoutait : « Les marbres de grande dimension qui rappellent cette famille célèbre, à Saint-Mihiel, sont à droite du chœur, en face de la chapelle Saint-Pierre, mais il n'est pas certain qu'ils

(1) Marguerite était 4e enfant de François II de Gauvain, dont la famille avait été anoblie en 1663, et de N. Hurault.

n'aient pas été déplacés. » — Cette chapelle n'existe plus ;
elle sert aujourd'hui de premier vestibule à la sacristie, près
du transept de l'Epître (M. Dumont prend la droite et la
gauche par rapport à celui qui regarde l'autel, ce qui est
l'opposé du sens liturgique). — M. Dumont aurait bien dû se
donner la peine de préciser le nombre de ces *marbres*, afin de
nous apprendre s'il s'en trouvait d'autres que les deux dont
nous avons rapporté les épitaphes.

XIII.

Dom de l'Isle.

1766.

(Dim. : 2ᵐ,47 ; 1ᵐ,22.)

Voici, pour terminer, la tombe de l'historien de l'abbaye,
Dom de l'Isle ; elle se trouvait anciennement à la gauche de
.celle de Dom Henezon. En haut, dans un cartouche ovale, est
un écu sur lequel on distingue encore un chevron ; en arrière
sont posées, en sautoir, une mître et une crosse, très martelées.
La famille de l'Isle porte : *d'azur, au chevron d'or, chargé de
trois croix pommelées ou trefflées de gueules, et accompagné
de trois têtes de licornes d'argent.*
On lit au-dessous (1) :

(1) Cette épitaphe a été, pour la première fois, publiée et traduite
par M. l'abbé Guillaume. V. *Nouveaux documents inédits sur la
correspondance de Dom Calmet,* dans les *Mém. de la Soc. d'Arch.
lorr.* de 1874, p. 188. — Le milieu des dernières lignes en est caché,
ainsi que le nom du sculpteur.

D   O   M

Hic jacet

R. P. D. Josephus de Lisle Lotharus, Prior dè
Harevilla, S^{ti} Leopoldi dé Nanceio Abbas.
Sanctitatis famam ambiit numquam, tulit
ubiqué Reformationis nostræ normam inferi-
-or implevit, suavitér et fortitér implendam
superior curavit.
Novitiorum magistér, sedulus morum et
indolis scrutator alumnos verbo pavit
exemplo firmavit.
Variis in cœnobiis sæpé in hac abbatia ter.
morum gravitate, religiosæ paupertatis studio
regiminis nostri cultu assiduo veré prior,
nostris pater et exemplar.
congregationem nostram, ter visitator,
prudentér pacificé fœliciterqué Rexit
a Capitulo generalitandem impetravit
ut deo et sibi uni vacare liceret.
Adjutorem fidum desiderant ecclesiæ præsules
amissum, lugent Moniales quas direxit
Pauperes quos juvit, boni omnes quos dilexit,
Dño Vixit in dño quievit
Anno ætatis 78 monasticæ professionis 56, dñcæ
incarnationis 1766 januarii 24.
Hocce gratitudinis monumentum Prior et reli
-giosi, defuncto, posuere mœrentes.
Requiescat in pace.

..... *sculpsit.*

(*Ici repose le R. P. Dom Joseph de Lisle, Lorrain, prieur de*
Haréville, abbé de Saint-Léopold de Nancy. Il ne visa jamais
à la réputation d'homme parfait; partout il se montra le

*type de notre réforme; simple religieux, il l'observa lui-
même; supérieur, il la fit observer avec douceur et fermeté.
Maître des novices, il surveilla la pureté des mœurs, il étudia
le caractère de chacun, il nourrit ses élèves de la parole et
les affermit par ses exemples. — Fréquemment dans les divers
monastères, trois fois dans cette abbaye, vraiment prieur par la
gravité de ses mœurs, la pratique de la pauvreté religieuse et
la scrupuleuse observance de nos constitutions, il fut des nôtres
le père et le modèle. Trois fois Visiteur, avec une rare prudence il dirigea pacifiquement et heureusement notre Congrégation. Enfin il sollicita du chapitre général la faveur de
n'avoir plus à s'occuper que de Dieu et des soins de son âme.
— Les prélats de l'Eglise le regrettent comme un auxiliaire
fidèle; les religieuses qu'il a dirigées, les pauvres qu'il a secou-
rus, les gens de bien qu'il a aimés déplorent sa perte. — Il a
vécu pour Dieu; il s'endormit dans le Seigneur à l'âge de
soixante-dix-huit ans, dont cinquante-six de profession
monastique, l'an de l'Incarnation de Jésus-Christ 1766, le 24ᵉ
de janvier. — Le prieur et les religieux éplorés de ce monastère ont élevé à ce cher défunt ce monument de leur gratitude.
— Qu'il repose en paix !)*

Descendant d'une famille considérable, encore existante,
anoblie en 1572, l'historien de l'abbaye, nommé à son baptême
Claude-Joseph, naquit à Brainville (Haute-Marne), le 31 août
1688 (1). Il était l'aîné des huit enfants de Claude-Joseph de
l'Isle, seigneur de Brainville et de Barbe Morel de Vezin (2).
Après avoir été officier dans le régiment de Duras-cavalerie,
avec lequel il se trouva aux batailles d'Oudenarde et de Mal-
plaquet, où il reçut plusieurs blessures, il fit profession dans
l'ordre de Saint-Benoît en 1711 et fut pourvu en commende
de l'abbaye de Saint-Léopold de Nancy, en 1747.

(1) Et non 1687, comme le disent les nobiliaires. Le mariage de ses
parents eut lieu le 28 novembre 1687. Dans les registres paroissiaux de
Brainville, on trouve, au 2 septembre 1688, l'acte de baptême de
Claude-Joseph, né trois jours auparavant. (Renseig. dû à l'obligeance
de M. H. de l'Isle.) — L'épitaphe confirme cette rectification.
(2) Ailleurs : de Vezaignes.

« Le 28 juin 1711,... » dit M. Dumont, « il prononçait ses vœux à Moyenmoutier. Désigné pour y professer les humanités, la philosophie et la théologie, Dom de l'Isle s'acquitta de sa mission avec zèle et fit de même à Saint-Maurice en Valais, où il fut plus tard envoyé. — Bientôt les dignités de la Congrégation s'attachèrent au R. P., qui avait probablement conservé de sa naissance et de sa vie militaire une aisance et des manières qui le sortaient du commun. Il fut fait Prieur de Haréville en 1735, plus tard Abbé de Saint-Léopold de Nancy (1), puis Prieur de Saint-Mihiel... » — Ce cumul suscita, dit M. Dumont, de nombreux ennemis à Dom de l'Isle ; il est difficile de juger la valeur des attaques lancées contre lui (2). Cet homme instruit publia plusieurs ouvrages religieux et historiques, au premier rang desquels il convient de rappeler le travail important et très digne d'estime qu'il a consacré à l'abbaye de Saint-Mihiel. Dom de l'Isle mourut dans cette ville, le 24 janvier 1766, ayant conservé jusqu'à la fin ses fonctions de prieur (3). « Sa tombe, dit ailleurs M. Dumont, placée sur le même rang d'honneur que celles des Abbés Henezon et Maillet, a cessé, comme les leurs, de recouvrir son corps, et par suite du même attentat (4). »

Ici se termine la première partie de notre étude. Il nous faudra maintenant parler de choses plus tristes, nous voulons dire des tombeaux qui ont cessé d'exister.

Rappelons toutefois encore quelques monuments intéressants et peu connus que doit s'honorer de posséder l'église Saint-Michel.

D'abord, puisqu'il s'agit de monuments funéraires, disons que l'on voit, aux fonts baptismaux, des vestiges du tombeau

(1) « En 1747, le 22 juin, le Roi STANISLAS donna cette abbaye (St-Léopold) en commende à D. *Joseph de Lisle...* » (Lionnois, *Hist. de Nancy*, III, 10.)
(2) L'ensemble des revenus de ses différents bénéfices était, ce semble, peu élevé. *Voy.* Guillaume, *Nouveaux documents...*, *ibid.*, p. 184.
(3) *Voy.* Dumont, *Hist. de Saint-Mihiel*, IV, 343, etc.
(4) *Nobil.*, II, 162.

de Warin de Gondrecourt, sculpté en 1608 par un Richier :
selon toute apparence, Jean, neveu de Ligier. Nous en avons
fait l'objet d'un travail spécial (1). Il provient de l'église paroissiale.

Nous ne quitterons pas entièrement les images funèbres en
signalant les cinq bustes qui sont placés au-dessus des clefs
de voûte des fenêtres du côté de l'Evangile ; ce sont de très
belles sculptures de la Renaissance, qui pourraient bien ap-
partenir à la grande école des Richier et provenir de l'ancien
jubé. Ces bustes, paraît-il, étaient autrefois plus nombreux
et avaient leurs vis-à-vis aux fenêtres du côté opposé. Les
deux premiers, en entrant, sont des têtes d'hommes, riche-
ment vêtus, à demi-décharnées. Le suivant montre une femme
aux yeux bandés ; est-ce une allégorie ? Au moyen âge, on
représentait ainsi — en face de l'Eglise, portant le calice et
la croix, — la Synagogue, ayant en outre pour attributs
la couronne tombant de sa tête et le sceptre se brisant dans
ses mains ; mais cette image n'était plus de mode au xvi° siècle.
Viennent ensuite un chevalier, couvert d'une armure très
ornée, puis une jeune femme, aux traits charmants, habillée
somptueusement et avec beaucoup d'élégance. Nous recommandons à l'attention des artistes ces bustes, que nous n'a-
vons pu examiner d'une manière suffisante.

Dans le vestibule de la sacristie se trouve une intéressante
frise ayant, presque certainement, la même origine. C'est le
triomphe de la Mort, représenté par différentes scènes très
curieuses et limité par les figures d'Adam et d'Eve, auteurs
des maux de l'humanité. M. l'abbé Souhaut a parlé de ce morceau, remarquable quoiqu'endommagé (2), et Mgr Barbier de
Montault en a pris une description détaillée dont nous espérons qu'il ne privera pas trop longtemps le public.

---

(1) *Notice sur le tombeau de Warin de Gondrecourt... à Saint-
Mihiel*, Nancy, 1882.
(2) *Les Richier et leurs œuvres*, Bar-le-Duc, 1883, p. 107-109.
M. l'abbé Souhaut ne s'est pas très bien rendu compte du sujet ; cependant il l'a déjà beaucoup mieux compris que Dom de l'Isle, qui y voyait
« le triomphe de Constantin contre Maxence » !

La tour, enfin, possède d'intéressantes cloches de 1525, 1585 et 1629, dont les deux premières, les plus grosses des sept qui composent la sonnerie, sont chargées de longues et curieuses inscriptions en vers latins (1).

(1) Nous les avons transcrites dans notre article intitulé : *Anciennes cloches Lorraines,* Nancy, 1885, p. 60-65.

SECONDE PARTIE.

Monuments détruits.

I. APERÇU GÉNÉRAL. — DESTRUCTIONS SUCCESSIVES.

Nous ne connaissons pas d'historiens ou de voyageurs antérieurs à la fin du xviie siècle qui aient laissé des notes sur l'ensemble des tombeaux de l'église abbatiale ; on trouve seulement des indications, sur quelques-uns d'entre eux, et le texte, plus ou moins complet, de différentes épitaphes, que nous rapporterons. Dans son *Voyage littéraire*, entrepris vers 1696, Dom Thierry Ruinart ne s'arrête pas longtemps à considérer ces monuments ; le goût de l'époque n'était pas à ces choses ; puis, en sa qualité de Français et de Bénédictin, mécontent de ce que les ducs de Lorraine avaient supprimé des couvents de son Ordre, il ne devait pas attacher grande importance aux témoins de l'histoire particulière de la région et aux sépultures des anciens princes souverains. Voici comment il s'exprime dans le récit de sa visite à l'église Saint-Michel :

« On y voit quelques tombes d'abbés et de personnes notables du pays ; les plus anciennes sont dans la chapelle dite des Abbés ; mais il n'y a point d'inscriptions, ou bien les lettres sont tellement effacées qu'elles sont devenues tout à fait illisibles. Le nécrologe y supplée en partie. Au milieu de l'église est le corps du vénérable abbé Dom Henry Henezon... Son corps repose devant le maître-autel, au milieu. Quelques-uns des premiers pères de Saint-Vanne, qui, depuis la réforme de la congrégation dans toute la France, ont illustré le monastère par la pureté de leurs mœurs et l'éclat de leur mérite, sont inhumés au même endroit. Dans les cryptes souterraines repose le sérénissime prince Henry de Lorraine, qui, avec le titre d'abbé commendataire, était réellement et de cœur abbé régulier et le principal protecteur de la réforme (1). »

(1) *Voyage littéraire de Dom Thierry Ruinart*, traduit par l'abbé Marchal, 1862 (*Recueil de doc. sur l'hist. de Lorr.*), p. 33-34.

La première destruction connue des monuments funéraires de l'église eut lieu lors de la reconstruction d'une grande partie de l'édifice, vers 1710. Dom Calmet, — qui cependant, pas plus que tous ses contemporains, ne comprenait le moyen âge, et qui trouvait la cathédrale de Metz digne d'admiration, *quoique gothique* (1), — a déploré énergiquement la brutalité des maçons et l'incurie des moines. Ce passage de l'article *Saint-Mihiel*, dans sa *Notice de la Lorraine*, mérite d'être reproduit sans changement. L'auteur dit des comtes de Bar :

« Plusieurs d'entr'eux ont choisi leur sépulture dans l'abbaye, et on y voyait leurs mausolées dans l'ancienne église, avant qu'on l'eût rebâtie de notre temps tout à neuf. — On remarquait dans la nef les mausolées de plusieurs ducs et comtes de Bar, représentés en relief, d'une assez mauvaise sculpture ; mais où l'on voyait leurs anciens habillemens, et d'autres choses remarquables, qui seraient aujourd'hui très-précieuses aux personnes éclairées et qui ont du goût pour l'antiquité. Mais les maçons ont tout mis en pièces, à leur ordinaire ; la faute qu'on a fait, c'est de ne les avoir pas fait dessiner avant qu'on démolît l'ancienne église. On voyait de même quelques tombeaux des anciens abbés et d'autres personnes de la ville, mais presque tout cela a été détruit par les ouvriers qui ont travaillé à l'église moderne. »

De l'emplacement des tombes des anciens souverains, M. Dumont n'a pu reconnaître que celui de la fameuse comtesse Sophie († vers 1092); son corps, suivant lui, fut inhumé sous l'autel Sainte-Croix, devant le jubé, du côté de l'Epître. « Les cendres de la comtesse Sophie », dit cet historien, « doivent, suivant l'obituaire, reposer sous cet autel. Quant à celles des autres comtes et comtesses de Bar qui, sans contredit, y ont été déposées en assez grand nombre, on ne sait plus en quel lieu

---

(1) « L'architecture est gothique, *mais* belle et hardie. » V. *Notice de la Lorraine*, v° *Metz.* — Nous avons vainement recherché un autre endroit, dans la *Notice* ou dans l'*Hist. de Lorr.*, où nous croyions nous souvenir d'avoir vu Dom Calmet dire en propres termes : « La cathédrale de Metz est belle, *quoique* gothique. » Les imprécations de La Bruyère et de Fénelon, contre l'admirable architecture française des XIII°, XIV° et XV° siècles, sont présentes à la mémoire de tout le monde.

spécial; si le couvent l'avait mentionné quelque part, il en avait
depuis longtemps perdu le registre et même le souvenir. Il
faudra une exhumation générale pour y suppléer, ce qui cons-
tate une grande ingratitude... »

Le xviiiᵉ siècle, qui avait assisté à la reconstruction de
l'église Saint-Michel, la vit dépouiller de toutes ses richesses
par la Révolution. Ces tristes événements ont été rapportés
d'une manière assez détaillée par M. Dumont. Son style est
bizarre; mais, comme on ne peut accuser cet auteur de partia-
lité en faveur du clergé et de l'ancien régime, nous croyons
ne pouvoir mieux faire que de transcrire les parties les plus
intéressantes de sa relation.

La saisie du magnifique trésor de l'abbaye (1) et la vente
des immeubles n'avaient servi qu'à exciter les passions mau-
vaises des émeutiers : en 1791, se voyant maîtres de la situation par la terreur qu'ils inspiraient, ils tournèrent leur fureur
contre les objets mobiliers du culte. « Tout à coup », dit M. Dumont, « sur la place publique s'éleva une montagne de bancs, de
chaises, de lutrins, de confessionnaux, dais, croix, bannières,
chaires, tableaux, vêtements, ornements, etc., que la torche
municipale dévora sans pitié... Là disparurent, parmi d'insignifiants débris, quelques chefs-d'œuvre difficilement échap-
pés aux injures du temps, ces admirables sculptures en bois
dues au ciseau de Richier, si louangées par les contemporains.
Ainsi périrent de la même manière les célèbres saint Jacques et

---

(1) *Voy.:* Dumont, *Hist. de Saint-Mihiel,* II, 229; IV, 31; Dom Martène,
Voyage littéraire, édit. de M. Marchal, dans le *Recueil de doc. sur
l'hist. de Lorr.,* 1862, p. 174; Dom de l'Isle, qui dit que le trésor de
Saint-Michel était le plus riche de toute la Lorraine, et que tous les
étrangers venaient le voir; enfin, comme ouvrage plus rare, le *Précis
hist. de la ville et de l'abbaye de Saint-Mihiel,* par le P. Màrin, 1779. Ce
dernier mentionne notamment : la magnifique chapelle du cardinal de
Retz; un ostensoir « dont le travail imite parfaitement l'architecture
de la fameuse tour de Strasbourg »; deux chasubles, « l'une donnée par
le cardinal de Lorraine et dont il s'était servi au Concile de Trente,
l'autre faite du manteau royal de Louis XIV »; un Graduel « d'une
prodigieuse grandeur », fait à Paris en 1460 et ayant coûté 186 livres,
« somme très considérable pour ce tems-là »; enfin le reliquaire de
la vraie croix, en argent doré, de la hauteur de quatre pieds, enrichi
« d'une multitude de pierres de grand prix, dont l'une est estimée plus
de vingt mille livres ».

saint Christophe, le grand saint Éloi, et les Anges, et les Notres
Dames, et tous les patrons des corporations... En même temps,
traitées avec la même colère, les images en pierre, mutilées
sur place, tombaient sous pareils coups, accompagnées des
mêmes malédictions. Profanations inutiles; leçon perdue (1) ! »

Les monuments funéraires qui avaient pu échapper à cette
tempête devinrent alors l'objet d'une destruction beaucoup
plus radicale, parce qu'elle était raisonnée et faite dans
un but intéressé. Ce fut, d'une part, la municipalité qui, en
1792, ordonna l'enlèvement « de toutes les épitaphes, ce qui
s'opéra pour le prix de 123 livres 7 sous (2) ». Puis, après
cette opération officielle, il y en eut d'autres, plus ou moins
dissimulées. Dans un endroit différent de son même ouvrage,
M. Dumont dit, en effet :

« Cette Révolution, trop orageuse pour durer longtemps, ne
tarda pas à rendre au culte catholique l'église abbatiale, qui
devint église paroissiale, mais aussi maltraitée au dehors
qu'au dedans. Des ouvriers méritant le titre de voleurs, qui y
avaient pénétré, lui avaient enlevé peu à peu tous les matériaux nécessaires à son existence dont ils pouvaient tirer
parti. Ils avaient commencé par les chanlattes en rosette,
puis par les plombs, qui, les uns et les autres, étaient considérables, et, ce que l'on aurait peine à croire, si la municipalité ne l'avait constaté, on en venait à prendre les bois des
charpentes de la toiture... »

On comprend que les statues, les sculptures, les marbres
précieux des tombeaux ne furent pas respectés par ces dé-
molisseurs avides ; ils paraissent avoir seulement dédaigné de
nombreuses pierres tumulaires, placées dans le pavé ou contre les murs et piliers, qui n'offraient pas de valeur marchande
et eussent été d'une extraction difficile ; on se borna à y mar-
teler quelques noms propres et des titres nobiliaires.

Vers 1862, époque à laquelle M. Dumont termina son *Histoire de Saint-Mihiel*, les tombes des abbés Henezon, Maillet
et de Dom de l'Isle étaient encore placées, l'une à côté de l'au-

(1) Dumont, *Histoire de Saint-Mihiel*, II, 234.
(2) *Ibid.*, IV, 27-28.

tre, dans le pavé devant l'entrée du chœur. « La nef, ajoutait le même historien, est aujourd'hui parsemée vers le chœur de carrés de marbre couverts d'inscriptions funèbres pour de simples moines, mais on ne peut dire s'ils ont été mis là au hasard après la Révolution... Si ces marbres ne se trouvent pas effacés, c'est qu'on les enleva, sans quoi les inscriptions eussent été seulement taillées pour les faire disparaître ; il est dès lors impossible d'admettre qu'on les ait rétablis dans la place que chacun d'eux occupait. » Comme les plus curieux de ces monuments, l'auteur cite, mais d'une manière inexacte ou trop incomplète, ceux que nous avons fait connaître sous les nos IV, XI, I et VI, plus celle du frère Hilarion Boulanger (v. même n° et plus loin, ch. IV, § 12).

Il y a une vingtaine d'années environ, les principales des tombes placées dans le pavé en furent enlevées pour être encastrées dans les murs du transept ; les autres furent probablement détruites. Ces faits se passèrent dans l'intervalle compris entre les années 1862 et 1864 ; car, à la première de ces dates, M. Dumont, publiant le quatrième volume de son *Histoire de Saint-Mihiel*, disait, à propos de Dom de l'Isle : « Il fut enterré dans l'église de l'Abbaye, où l'on voit encore sa tombe, placée aujourd'hui sur la même ligne et à côté de celle de l'Abbé Henezon (1). » Mais, vers 1864, époque à laquelle il fit paraître le premier tome du *Nobiliaire*, M. Dumont écrivait, à propos de Dom Henezon : « Nous n'ajouterons rien à ce que nous en (*sic*) avons dit dans l'*Histoire de Saint-Mihiel*, depuis lequel temps la durée de son souvenir a été singulièrement ébranlée pour l'avenir par l'enlèvement de sa tombe, placée si honorablement par ses religieux dans leur église, tout récemment livrée au pic des maçons... (2). »

Quatre ans plus tard, en commençant la publication de ses *Ruines de la Meuse*, le même auteur a profité des motifs de regrets que lui donnait la destruction des monuments funéraires de l'église d'Hattonchâtel, pour déplorer énergiquement l'enlèvement des pierres tumulaires de Saint-Michel.

(1) Dumont, *Histoire de Saint-Mihiel*, IV, 346.
(2) Dumont, *Nobil.*, t. 1, p. 156. — V. pl. haut, 1re partie, § VII. p. 20.

Les reproches de cet historien eussent gagné à être plus mesurés dans leur expression; il aurait dû remarquer que les tombes, du moins les plus importantes, ne furent pas brisées, mais seulement déplacées ; ce changement, regrettable à certains égards, assurait cependant davantage la conservation de quelques-unes d'entre elles, qui, restant dans le pavé, auraient fini par être effacées par les pieds des passants. Ajoutons qu'au lieu de faire entendre des lamentations inutiles sur la disparition imminente des inscriptions, M. Dumont aurait beaucoup mieux fait de les transcrire exactement et de les publier lorsqu'il en était temps encore. Comme, néanmoins, il convient de réunir tous les textes qui se rapportent à notre sujet, nous reproduisons le passage en question.

Après avoir formulé son blâme contre les habitants d'Hattonchâtel, M. Dumont dit en note ce qui suit :

« Saint-Mihiel, bien autrement obligé à plus de discernement, a récemment fait preuve d'un plus flagrant vandalisme, que l'on ne saurait trop signaler, qui vaudra une absolution complète aux plus abrutis révolutionnaires. Les tombes des abbés Albert, Hennezon et Maillet, de Dom de l'Isle et d'autres célébrités locales, ont dû faire place à un pavé du goût le plus douteux, dont elles auraient fait le seul ornement. Edificateurs de l'église, constructeurs du palais abbatial, chroniqueurs laborieux, en vain vous avez sacrifié vos veilles et votre fortune pour laisser à la postérité des monuments dignes de l'âge où vous viviez, la Ville qui en jouit comme des plus grands bienfaits dont elle ait pu être dotée, la Fabrique qui recueille le fruit de vos sacrifices, vous ont lancés dans les ténèbres de l'oubli, à l'égal des plus ignorés qui peuplent le sol sacré où vous reposez ! Les Vandales cassent et mutilent, mais ils laissent sur place les fragments qu'ils ont souillés. Il n'y a que les Fabriques sans entrailles, aidées d'architectes obéissants, pour avoir le secret funeste de faire table rase et d'affronter l'ingratitude, sans souci d'abréger, dès qu'elle est payée d'avance, l'éternité promise.

» Pour en conserver le souvenir, disons ici que ces tombes placées au milieu de la nef, à environ deux mètres de l'escalier montant au chœur, Dom Hennezon était au centre, ayant l'Abbé Maillet à sa droite et Dom de l'Isle à sa gauche (1). »

Enfin, il y a quatre ou cinq ans, tous les monuments funéraires qui restaient dans l'intérieur de l'église ont été transportés sous le porche et encastrés avec soin dans les murs ; mais comme le lieu est sombre, que les colonnes masquent quelques-uns d'entre eux, et que les portes sont d'habitude fermées, ces tombeaux sont difficiles à distinguer et passent inaperçus pour beaucoup de personnes. Ce n'est pas embellir une église que de la dépouiller de sa décoration historique ; au point de vue religieux, un tel acte nous paraît singulièrement répréhensible ; il constitue surtout, de la part d'une ville relativement importante, un exemple des plus fâcheux.

Les *Mémoires* de la Société de Bar, de 1882, renferment, sous le titre *Études d'architecture religieuse dans la Meuse*, un article de M. A. Maxe, longtemps architecte diocésain. Une partie en est consacrée à l'église Saint-Michel, et l'auteur y déplore aussi la suppression des pierres tombales.

« Le dallage de l'église, dit-il (p. 218), a été renouvelé il y a quelques années, suivant des combinaisons linéaires bien étudiées sans contredit ; il renfermait plusieurs dalles tombales en marbre révélant le nom d'anciens bienfaiteurs, et aussi un grand nombre de dalles ordinaires portant simplement le nom *en religion*, et la date de la mort d'humbles religieux qui avaient été inhumés dans l'église. Ces dalles animaient cependant le sol, pourrait-on dire, et portaient à des réflexions salutaires ceux qui les parcouraient. »

L'auteur mentionne ici les tombes de l'abbé Albert II, puis de Marc et d'Hilarion Boulanger ; il ajoute encore :

« Il nous sera bien permis, au nom de l'histoire, de faire cette réflexion au sujet du dédain trop marqué dont ces dalles ont été impitoyablement frappées, c'est que l'art ne s'opposait nullement à ce qu'on leur donnât place dans le nouveau dallage, dont elles auraient au contraire avantageusement rompu la sécheresse et la froideur d'une combinaison géométrique

(1) Dumont, *Ruines de la Meuse*, t. I, p. 28, note.

trop rigoureusement sombre. Des noms qui appartiennent à l'histoire de Saint-Mihiel continuaient à être connus et respectés des générations futures. D'ailleurs, n'est-il pas temps encore de réparer un tel oubli, puisque ces dalles sont conservées (1) dans le porche de l'église? Si on ne le fait pas, il est bien à craindre qu'elles ne prennent un jour ou l'autre, comme vieux marbre, le chemin de l'atelier de sculpture qui est tout près de l'église. »

Empruntons encore à M. Dumont les observations fort justes émises par lui, dans le *Nobiliaire de Saint-Mihiel*, à propos des difficultés que lui a fait éprouver la destruction de tant de souvenirs matériels.

« Une grande page d'histoire,... » dit-il, « était écrite dans les églises. Lors de la recherche, par Richier, des nobles du Bailliage, plusieurs, faute de titres, le conduisirent dans ces édifices pour lui faire voir les armoiries de leurs familles exposées depuis longtemps aux yeux du public. Ainsi fit, le 8 novembre 1581, Geoffroy de Saint-Remi, demeurant à Saint-Remi, dont les ancêtres avaient habité Saint-Mihiel. Il lui montra en l'église Saint-Étienne, « en une verrière au derrière » de la chapelle Monsieur Saint-Nicolas, ses armoiries posées » au-devant du portrait d'un homme agenouillé et armé, au » pied du pourtrait de l'image de Monsieur Saint-Georges... » Et cette justification était du plus grand poids.

» La Révolution, malgré ses rigueurs, avait épargné en grande partie les tombes et leurs armoiries, grâce peut-être à la poussière et à la boue dont elles étaient recouvertes. Mais les maçons niveleurs y ont fait successivement table rase, jusqu'à ce qu'ils soient arrivés à la nudité monotone des vestibules modernes, de manière à les rendre aussi intéressantes que de simples granges. Voici ce qu'en pense le savant auteur du *Traité sur la réparation des églises* :

« ... La raison d'art et d'histoire n'est pas la seule qui milite » en faveur de la conservation des pierres tombales. Si les » touristes sont charmés, en entrant dans une vieille église, d'y

_____

(1) Pas toutes, hélas !

» retrouver un pavé poudreux, bossué par le relief des tom-
» bes, l'ordonnateur qui cherche, en décorant un temple, à lui
» donner le caractère le plus grave et le plus religieux, sait
» que ces monuments funéraires ont une éloquence particu-
» lière... Tous ceux qui ont traité de la poétique des églises
» chrétiennes, n'ont eu garde d'oublier les tombeaux.

» ... Les dalles tumulaires, notamment, qui recouvriraient
» encore les restes de ceux dont elles portent l'épitaphe, doi-
» vent autant que possible rester sur ces tombeaux. Ce serait
» faire de l'archéologie matérialiste que d'enlever ces monu-
» ments à leur destination.

» ... Il va sans dire que si un architecte ou une fabrique
» toléraient l'enlèvement de ces pierres tombales pour les
» remplacer par du pavé neuf ou pour les employer en guise
» de matériaux, une telle conduite mériterait d'être dénoncée
» comme un acte de grossier vandalisme... »

» Quand on ajoute à ces réflexions que les familles qui
avaient là leurs principaux membres, avaient acquis et payé
le droit de les y maintenir à perpétuité, on ne peut s'empêcher
de s'associer à toutes les malédictions possibles contre les
mains coupables de ces profanations. Plusieurs fois, il nous a
été demandé, par ces familles, copie des inscriptions qu'elles
savaient exister, et, lorsqu'elles apprenaient qu'elles avaient
disparu, elles ne pouvaient accepter que ces dévastations fus-
sent l'œuvre de ceux qui avaient mission de les empêcher. Ne
plus dire des prières qui ne sont plus rétribuées, soit ; mais en
héritant du temple, n'a-t-on pas hérité de la charge d'en conserver les dépôts ? Dans quel traité de droit ou de morale a-
t-on trouvé le pouvoir de s'en affranchir !.. (1). »

Nous avons essayé de présenter les grandes phases de la
destruction des monuments de Saint-Michel, il nous faut maintenant étudier successivement ceux sur lesquels nous avons
recueilli quelques indications. M. Dumont donne des renseignements généraux qu'il importe de reproduire ; souvent ses

(1) Dumont, *Nobil. de Saint-Mihiel*, I, 37-38.

informations sont incomplètes et ses appréciations sujettes à
caution ; mais il avait à sa disposition des matériaux auxquels
il serait aujourd'hui difficile de recourir.

« Jusqu'en 1098, dit-il, les Bénédictins (à part les abbés) ne
pouvaient être inhumés qu'à Vieux-Moutier. Lorsqu'ils furent
autorisés à faire leur sépulture dans le nouveau monastère, les Abbés et les dignitaires furent inhumés dans l'église,
ainsi que les religieux qui laissaient quelque pécule ; les autres étaient obscurément enterrés dans l'*Atrium*, cour du
cloître, qui aujourd'hui est renfermée dans celle du collège.

» Jusque-là les étrangers laïcs, autres peut-être que les
princes, c'est-à-dire les comtes de Bar voués du monastère, ne
pouvaient être admis dans le sanctuaire, mais cette source de
bénéfice ne pouvait être négligée, et les Bénédictins ne tardè-
rent pas à la solliciter « de Jean, élu de Trèves, » qui la leur
concéda... (1). »

De nombreuses sépultures furent placées dans les chapelles
de l'église ; il en sera question dans les paragraphes suivants.

« Toutes ces inhumations », dit ailleurs le même auteur,
« n'étaient que des exceptions en faveur d'habitants à qui leur
fortune permettait des fondations pour acheter ces places pri-
vilégiées. Le plus grand nombre était enterré simplement dans
la nef, moyennant dix francs une fois payés, tandis que pour
être dans le chœur, il en fallait donner vingt (2). A l'époque où
ces rétributions furent fixées, elles avaient une importance
beaucoup plus grande qu'on ne se l'imagine, sans quoi l'emplacement n'eût pas suffi ; ce qui a seulement le droit d'étonner, c'est que le taux ne fut jamais élevé à proportion de la
dépréciation de la monnaie. L'encombrement souterrain doit
donc être considérable dans cette église, quoique spacieuse,
après plusieurs siècles d'un approvisionnement continu, qui

---

(1) Dumont, *Hist. de Saint-Mihiel*, IV, 43-44. L'auteur parle ensuite
des cérémonies funéraires et du droit de présentation au profit de
l'abbaye, en qualité de curé primitif. Mais ces choses n'ayant rien de
particulier aux inhumations faites dans l'intérieur de l'église, nous ne
les reproduirons pas ici.
(2) Plus certains frais ; v. *ibid.*, p. 45.

était sans concurrence avant la création des autres monastères....

» Les archives n'indiquent pas que les religieux aient eu un endroit spécial pour leurs inhumations; le soin qu'ils ont pris de mentionner en l'obituaire ceux qui employèrent leur pécule particulier à quelque fondation donne à penser que les autres étaient enfouis pêle-mêle dans la nef ou dans l'*Atrie*, qui compose aujourd'hui la cour du Collège, pour laisser plus de place au public payant (1)... »

L'ordre à adopter pour l'étude des monuments détruits sur lesquels on possède des données était d'un choix difficile, à cause de l'état défectueux de la plupart des renseignements. Cette partie de notre travail n'étant, comme nous l'avons dit au début, qu'une simple ébauche, nous avons, sans chercher la perfection, trouvé commode de la diviser de la manière suivante ; nous parlerons successivement des tombeaux de la maison de Bar; de ceux des abbés; des monuments dont les épitaphes sont connues ou qui appartenaient à des personnages remarquables; enfin, des sépultures d'un grand nombre de personnes sur lesquelles on n'a que des indications très vagues.

II. TOMBES DE LA MAISON DE BAR.

1. Les comtes de Bar, duc de Haute-Lorraine.

On a vu plus haut que Dom Calmet mentionne l'existence, dans l'église abbatiale, des sépultures de « plusieurs *ducs* et comtes de Bar ». Comme il est certain que les ducs de Bar de la seconde dynastie, c'est-à-dire Robert (2), Edouard III (3) et le cardinal Louis (4), ne furent pas inhumés à Saint-Mihiel, on

---

(1) Dumont, *Hist. de Saint-Mihiel*, p. 26-27.
(2) 1352-1411. Enterré dans l'église collégiale de Saint-Maxe de Bar-le-Duc.
(3) 1411-1415. Enterré également à Saint-Maxe.
(4) 1415-1419, † en 1430. Enterré dans la cathédrale de Verdun.

doit croire que l'abbé de Senones a voulu parler des trois
comtes de Bar de la première dynastie, qui furent, en même
temps, ducs bénéficiaires de Haute-Lorraine, et que les historiens du XVIIIe siècle appelaient souvent ducs de Bar. Les
quelques recherches que nous avons faites pour trouver le lieu
de leur sépulture n'ont abouti à aucun résultat précis ; mais on
sait que ces princes étaient avoués de l'abbaye de Saint-Mihiel,
le monastère le plus important du Barrois ; de plus, il est certain que la fille aînée et principale héritière du dernier fut
enterrée dans l'église de l'abbaye (1).

Le plus ancien de ces souverains, Frédéric Ier, comte vers
951 et duc en 958 ou 959, épousa Béatrix, sœur de Hugues
Capet, roi de France, et mourut le 18 mai 984.

La Chronique de Saint-Mihiel le mentionnait : « *Circa ho-
rum autem tempora fuit quidam præpotens Dux Lotharingiæ
Fredericus, qui videns prædictam abbatiam terræ suæ con-
tinguam et a tutela regia remotam, dominio suo (quod sibi
facile fuit,) eam subjugavit et dominium illud sub titulo defen-
sionis ad posteros suos transmisit* (2). »

Le P. Benoît ajoute : « Dans une charte de Saint-Mihiel de
l'an 962, ce prince Federic y est dénommé avec sa femme
Béatrix et ses deux fils, Henry ou Hezelin et Alberon... »

André du Chesne dit aussi, d'après l'*Historia fundationis
Cœnobii S. Michaëlis*, que Frédéric, ayant bâti le château de
Bar, « y annexa pour domaine la troisième partie des posses-
sions de l'Abbaye..., sous couleur d'Aouuerie et de protec-
tion... » Il donne plus loin l' « Epitaphe de Frideric Ier, duc de
Lorraine, insérée entre les Epistres de Gerbert (3).

(1) Les religieux, à l'exception des abbés, ne furent autorisés à se faire
enterrer dans l'abbaye nouvelle, bâtie au commencement du IXe siècle,
qu'en 1098 ; mais rien n'empêche d'admettre qu'il en ait pu être autrement des laïques et surtout des ducs-avoués.
(2) Benoît Picart, *Origine de la maison de Lorraine*, p. 44, d'après
la *Bibl.* du P. Labbe. — Cf. *Recueil des historiens des Gaules*, t. IX,
p. 67 ; Mabillon, *Analect.*, II, 387.
(3) Cf. *Recueil des hist. des Gaules*, t. IX, p. 103.

» Francorum placito nomen tulit hic Fridericus,
» Quem proaui fudere duces a sanguine regum,
» Officio meritisque parem, sopor vltimus hausit,
» Mercurij quum celsa domus tibi Phæbe pateret (1). »

Thierry, fils aîné de Frédéric Ier, lui succéda comme duc de Haute-Lorraine et comte de Bar; il épousa Richilde ou Suonechilde (2), dont on ne connaît pas exactement l'origine, et mourut le 2 janvier 1024.

La Chronique de Saint-Mihiel faisait également mention de lui : « *Dux Theodericus, cujus ditioni abbatia subdita erat, eum Nanterum jam bene cognitum ad quoscumque principes regni dirigebat legatum et maxime ad consobrinum suum regem Francorum, quoniam noverat eum linguæ Gallicæ perititia facundissimum* (3). »

Thierry était défenseur ou avoué de l'abbaye de Saint-Mihiel. Dom Calmet dit, en effet : « Dans un titre de Saint-Mihiel, de l'an 1006, je lis : *Theodericus comes de Comitatu Barrensi, Schonechildis uxor, Balduinus filius... Theodericus Lothariens. Dux defensor S. Michaelis* (4). »

« Ce prince, dit encore le P. Benoît, donna à l'abbaïe de Saint-Mihiel ce qu'il avait à Marbot l'an 1007. *Ind. 4. regnante Roberto rege Francorum, Theoderico Lothariensis regni ipsius Duce loci ipsius defensore* (5). »

Cependant, comme ce prince fonda, à Bar-le-Duc, la collégiale de Saint-Maxe, en 992, il y aurait à étudier s'il ne s'y fit pas inhumer. Il mourut le 2 janvier 1024.

Frédéric II, son fils aîné, lui succéda; il épousa Mathilde de

(1) A. du Chesne, *Maison de Bar*, pr., p. 4. — On peut traduire :
Par la volonté des Francs, Frédéric porta un nom glorieux; les ducs, ses ancêtres, le formèrent du sang des rois. Après s'être montré, par ses mérites, à la hauteur de sa dignité, il fut enveloppé du dernier sommeil lorsque la demeure élevée de Mercure s'ouvrait à toi, ô Phébus.
La dernière phrase, singulièrement emphatique, veut, sans doute, dire tout simplement que Frédéric mourut un mercredi.
(2) Ou *Schonechildis.* Elle est peut-être différente de Richilde.
(3) Benoît Picart, *Origine, etc.*, p. 47.
(4) Calmet, *Hist. de Lorr.*, Liste généal. des comtes de Bar.
(5) B. Picart, *ibid.*

Suève, ou de Souabe, fille de Conrad le Vieux, duc de Franconie (1), et mourut le 7 août 1032. Il ne laissait que des filles; aussi le duché de Haute-Lorraine fut-il donné à Gothelon, qui possédait déjà la Basse-Lorraine; l'aînée des filles, Sophie, héritière du comté de Bar, fut certainement inhumée dans l'abbaye de Saint-Mihiel, comme l'atteste son épitaphe dont il va être question.

2. Louis, comte de Mousson, et Sophie, comtesse de Bar.

Sophie, fille aînée de Frédéric II, comte de Bar et duc bénéficiaire de Haute-Lorraine, hérita du comté de Bar et fut mariée à Louis, comte de Mousson, que l'on considère généralement comme appartenant à la maison de Montbéliard, mais qui, d'après les recherches toutes récentes d'un historien distingué, serait plutôt fils d'un cadet des comtes de Chiny. Il fut la tige de la seconde dynastie des comtes de Bar, qui régna jusqu'à l'année 1419. Sophie ordonna la construction du château de Saint-Mihiel, au-dessus de la ville actuelle, et fit beaucoup de bien à l'abbaye. Son mari et elle-même élurent leur sépulture dans l'église de ce monastère.

Dom de l'Isle dit, en effet, en parlant de cette princesse :

« Le tems arriva auquel la Comtesse Sophie alla recevoir la récompense de ses bonnes œuvres. Elle s'étoit distinguée par ses bienfaits envers l'Abbaye de Saint-Mihiel. Pour dernière marque de son affection, elle choisit sa sépulture dans l'Eglise de la même Abbaye, et fut enterrée auprès de Louis, Comte de Monçon et de Bar, son mari, sous l'Autel dédié sous le nom de Sainte-Croix. On fait tous les ans son anniversaire le 21 Janvier, conformément à ce qui est marqué dans un de nos Nécrologes. Wasbourg met la mort de cette Princesse en 1092; d'autres la diffèrent en 1096 (2). »

M. Dumont atteste aussi la sépulture de la comtesse Sophie,

(1) Le P. Benoît (p. 48) dit : « Mathilde, veuve de Conrad le Vieux, duc de Franconie, et fille d'Herman, duc d'Almagne, et de Gertrude de Bourgogne ».
(2) Dom de l'Isle, *Hist. de l'abb. de Saint-Mihiel*, p. 74; Wassebourg, *Antiq. de la Gaule belgicque*, f° 245, v°.

d'après « l'obituaire », et ajoute que l'autel de Sainte-Croix se rouvait devant le jubé, du côté de l'épitre (1).

¦3. Gisla, femme du comte Renaud Iᵉʳ.

Louis et Sophie eurent pour successeur leur fils Thierry II, qui, en 1076, épousa Ermentrude de Bourgogne, fille de Guillaume II, comte de Bourgogne et sœur du pape Calixte II. Il mourut en 1105, sans qu'on sache exactement où il fut enterré. Sa femme, décédée en 1102, reçut la sépulture dans la cathédrale d'Autun.

Le second de leurs trois fils, Renaud Iᵉʳ, dit le Borgne, obtint les comtés de Bar et de Mousson, tandis que l'aîné, Thierry, succéda à celui de Montbéliard, et le troisième, Frédéric, à ceux de Ferrette et d'Amance ; disons qu'il ne faut pas donner à ce nom de *comté* un sens trop précis, les qualifications paraissant bien souvent s'appliquer aux personnes beaucoup plus qu'aux terres (2). Renaud épousa Gilette ou Gisla, fille de Gérard Iᵉʳ, comte de Vaudémont, dont il eut deux fils et une fille ; il mourut en 1149 et fut inhumé dans le prieuré de Mousson, qu'il avait fondé.

Gisla étant décédée après son fils aîné, le comte Hugues, qui, vers 1155, avait été enterré dans l'abbaye de Saint-Mihiel, elle désira que son corps reposât auprès du sien. Dom de l'Isle nous a rapporté les deux épitaphes. « La pieuse Gisla, dit-il, ne survéquit de guères à son fils et elle ordonna en mourant qu'on l'enterrât auprès de lui. On fit l'Epitaphe suivante à cette Princesse, qui fut gravée sur son tombeau dans le Chapitre de la même Abbaye de Saint-Mihiel :

---

(1) Dumont, *Hist. de Saint-Mihiel*, IV, 12.

(2) Il semble que, à cette époque, suivant que tel souverain se trouvait à Bar, à Mousson ou à Amance, il se qualifiait *comte de Bar*, *comte de Mousson* ou *comte d'Amance*, sans qu'il y eût un espace de pays bien déterminé possédant la qualification permanente de *comté* et ayant pour capitale l'une de ces trois villes. De même, certains comtes de Salm se qualifièrent *comtes de Blâmont*, tandis que le plus grand nombre se disaient simplement seigneurs de cette localité. Et, de fait, il serait téméraire d'affirmer qu'il y eut jamais un comté d'Amance, un comté de Blâmont, un comté de Longwy, etc.

» DE SPLENDORE PATRUM, PROLIS, MAGNI QUE MARITI,
   NIL (QUIA VANUS ERAT) GISLA TENERE POTES.
SED TUA TANTA MANUS, MENS SOBRIA, LINGUA MODESTA.
   SPEM FACERE DARI SPLENDIDIORA TIBI.
JAM SOL POST TRIDUUM SPLENDEBAT SE CAPRICORNO.
   CUM JUXTA NATI CORPUS ET IPSA JACES (1).

» Cette Epitaphe est pleine de sel, mais elle relève en
même tems le mérite et les vertus de la Comtesse Gisla, dont
le mari avoit fait tant de maux à l'Abbaye de Saint-Mihiel et à
l'Evêché de Verdun. Elle eut soin avant sa mort de faire beaucoup de bien au lieu de sa sépulture, et elle rendit par ses
bienfaits sa mémoire prétieuse au Monastère de Saint-
Mihiel (2). »

4. Le comte Hugues.

Hugues, fils aîné du comte Renaud Ier, lui succéda en 1149
ou 1150; il mourut jeune et sans alliance, vers 1155, et, suivant
les expressions de Dom Calmet, « fut enterré au Chapitre de
Saint-Mihiel ».

Touchant le règne et l'époque de la mort de Hugues, nous
ne faisons que reproduire l'opinion de Dom Calmet et de quelques historiens ; mais nous devons ajouter que d'autres font
mourir ce prince en 1141, avant son père (3).

Dom de l'Isle dit à ce sujet : « Il convient de rappeler que
Hugues, Comte de Bar, fut excité par sa mère Gisla à se faire
enterrer dans le Chapitre de l'Abbaye de Saint-Mihiel à cause
de la dévotion que cette Princesse avoit à saint Michel. Voicy

(1) C'est-à-dire :
*Des gloires de vos pères, de votre postérité et de votre mari
magnanime, vous ne pouvez, ô Gisla, rien retenir (puisque ces
gloires étaient vaines). — Mais la si grande générosité de vos mains,
la prudence de votre esprit, la modestie de vos paroles, nous donnent
l'espoir que des splendeurs plus éclatantes vous sont accordées. — Le
soleil brillait depuis trois jours dans le signe du Capricorne quand
vous êtes allé reposer à côté du corps de votre fils.*

(2) De l'Isle, p. 111-112; v. aussi Du Chesne, pr., p. 15, d'après
Wassebourg, lib. III; ils donnent la même épitaphe.

(3) Voir F. de Saulcy, *Rech. sur les monnaies... de Bar*, 1843.

l'Épitaphe de Hugues, telle que Wasbourg (1) témoigne l'avoir luë de son tems :

  « Hugo vir emeritæ decus et flos stirpis avitæ
     Tutor eras patriæ, legis et Ecclesiæ.
  Flore novo juvenis, carnis resolutus habenis
     Consul amande Jovis, fracte ruina tuis.
  Nunc tibi de cœlis precibus satrapæ Michaelis,
     Præmia det fidei gratia celsa Dei (2) ».

5. Le comte Renaud II.

Renaud II, frère de Hugues, lui succéda ; il épousa Agnès, dame de Ligny, fille de Thiébaut IV, comte de Champagne, mourut le 10 août 1170 et fut enterré à Saint-Mihiel, suivant M. de Saulcy (3).

6. Le comte Thiébaut Iᵉʳ.

Les deux fils de Renaud II lui succédèrent successivement. L'aîné, Henri Iᵉʳ, mourut sans alliance en 1191 ; on ne sait pas sûrement où repose son corps ; le second, Thiébaut Iᵉʳ, fut marié trois fois, ayant épousé Lorette, fille de Louis II, comte de Looz, puis Isabeau de Bar-sur-Seine, et enfin la célèbre Ermesinde de Luxembourg, fille de Henri, dit l'Aveugle, comte de Namur. Thiébaut eut des enfants de ses trois femmes, et, par la dernière, il devint comte de Luxembourg ; mais il n'eut d'elle qu'une fille, de sorte que, Ermesinde s'étant remariée à Valéran II, duc de Limbourg, et ayant eu des fils, le comté de Luxembourg ne demeura pas dans la maison de Bar.

Thiébaut mourut le 2 février 1214, et « fut, dit M. de Saulcy, enterré à Saint-Mihiel à côté de son père ». Dom Calmet et

---

(1) V. aussi Du Chesne, pr., p. 15.
(2) De l'Isle, p. 111. — *Hugues, homme émérite, glorieux fleuron de la race de vos aïeux, vous étiez le défenseur de la Patrie, de la Loi et de l'Eglise. — Votre jeunesse fut ornée d'une fleur nouvelle, vous avez été dégagé des liens de la chair. O consul chéri de la Divinité, abattu par la mort, votre perte fut un malheur pour les vôtres. — Et maintenant que, du haut du ciel, par les prières du prince saint Michel, la suprême bonté de Dieu vous accorde les récompenses de votre foi.*
(3) F. de Saulcy, *ibid.*, 1843.

M. Dumont (1) disent aussi qu'il fut inhumé à Saint-Mihiel. On ne sait pas où ses deux premières femmes reçurent la sépulture ; Ermesinde, morte en février 1247, repose dans l'abbaye de Clairefontaine, près d'Arlon.

Thiébaut Ier est le dernier comte de Bar dont on puisse affirmer avec certitude que le corps reposait dans l'abbaye de Saint-Mihiel ; essayons de résumer, afin d'appeler sur ce point l'attention des historiens, ce que l'on sait de la sépulture de ses successeurs.

Son fils, Henri II, épousa Philippe, fille de Robert II, comte de Dreux, et mourut après 1239. Sépulture inconnue.

Thiébaut II, fils aîné de Henri, épousa : 1° Jeanne, fille de Guillaume II de Dampierre, comte de Flandre ; 2° Jeanne, fille de Jean Ier, seigneur de Tocy. Il mourut en 1291 (2). Sépulture inconnue.

Henri III, fils aîné de Thiébaut II, épousa Eléonore, fille d'Edouard Ier, roi d'Angleterre ; il mourut à Naples, en 1302. Sépulture inconnue.

Edouard Ier, fils aîné d'Henri III, épousa Marie, fille de Robert II, duc de Bourgogne ; il mourut à Famagouste, dans l'île de Chypre, le 11 novembre 1336 (3). Sépulture inconnue.

Henri IV, fils d'Edouard Ier, épousa Yolande, dame de Cassel, fille de Robert de Flandre ; il mourut, à Paris, en 1344 et fut d'abord enterré à Thérouanne (4) ; mais, il paraît que son corps fut ensuite ramené à Bar et inhumé dans l'église collégiale Saint-Maxe. La fameuse Yolande, décédée en 1395, fut enterrée à Metz.

Edouard II, fils aîné de Henri IV, mourut, sans alliance, en 1352 et reçut également la sépulture dans l'église Saint-Maxe.

---

(1) *Hist. de Saint-Mihiel*, I, 78.
(2) Entre le 21 mai et le 7 novembre. Voir : L. Le Mercier de Morière, *Note sur la date du décès de Thiébaut II, comte de Bar...*, dans les *Mém. de la Soc. de Bar*, 1885, p. 231.
(3) V. notre article : *La date de la mort d'Edouard Ier, comte de Bar*, extr. des *Mém. de la Soc. des Lettres... de Bar-le-Duc*, 1884.
(4) V. *Musée de Bar* (Catalogue), 1880, p. 14.

Robert, frère cadet d'Edouard et son successeur, épousa Marie, fille de Jean, roi de France. C'est en sa faveur que le comté de Mousson fut érigé en marquisat (1), et celui de Bar en duché (2). Il mourut en 1411 et fut inhumé dans la même église.

Edouard III, fils aîné de Robert, épousa Blanche de Navarre et mourut sans postérité en 1415. Il fut probablement aussi enterré à Saint-Maxe.

Son frère, le cardinal Louis de Bar, lui succéda ; mais, en 1419, il abandonna le duché au roi René, son neveu. Louis, mort à Varennes, en 1430, reçut la sépulture dans la cathédrale de Verdun (3).

Ainsi finit la seconde dynastie des comtes de Bar, remplacée, après le décès du roi René (1480), par la Maison de Lorraine.

III. TOMBES DES ABBÉS.

1. Remarques générales sur les sépultures des abbés.

Dès la fondation du couvent de Saint-Mihiel, les abbés purent y recevoir la sépulture ; mais les religieux n'obtinrent l'autorisation d'être inhumés hors du Vieux-Moutier qu'à dater de 1098 ; des tombes du monastère primitif, on ne connaît, avec quelques détails, que celles des fondateurs, ainsi que l'épitaphe de l'abbé Smaragde ; nous la reproduirons dans le paragraphe suivant, à cause de son grand intérêt historique.

Dans l'église Saint-Michel, les premiers abbés firent choix d'une chapelle pour y être inhumés. M. Dumont la mentionne en ces termes dans sa description, bien imparfaite, de l'édifice.

« La Chapelle des Abbés, destinée dès sa création à recevoir la sépulture de ces dignitaires. Elle était sous la croisée du

(1) Par l'empereur Charles IV, le 4 avril 1354.
(2) Par le roi de France, Jean le Bon, dans l'intervalle compris entre le 22 octobre et le 15 novembre 1354. (V. notre article : *l'Erection du duché de Bar* ; Nancy, 1885.)
(3) Sur ce prince, v. notre article : *Sceau du cardinal de Bar*, extr. du *Journal de la Soc. d'Arch. lorr.*, mai 1883.

transept, du côté du collège (1), faisant le fond de la croix. Les premiers Abbés y furent tous placés ; leurs successeurs se choisirent divers autres lieux de repos dans l'église... (2). »

On ne voit pas d'une façon très précise quel est le premier abbé qui dut choisir une autre chapelle pour y être inhumé.

Lors du remaniement de l'église, au commencement du siècle dernier, la chapelle de Notre-Dame-des-Grottes, qui existait sous le chœur, fut fermée et transférée théoriquement dans la chapelle des Abbés. On enleva les corps de plusieurs illustres personnages qui s'y trouvaient ; peut-être les trans-féra-t-on dans cette dernière chapelle, mais M. Dumont ne le dit pas d'une manière positive. Parmi ces défunts, il cite les abbés Albert, Merlin, Henri de Lorraine, le P. de Menna, Charles d'Urre-Thessière, et sa femme, Marie de Marcossey.

Mentionnons ici, parce qu'on ne sait exactement de quel religieux il s'agit, celui dont M. Dumont dit ceci : « Un Abbé Henri, non désigné autrement, celui qui donna 40 sols pour faire pitance le jour de son obit, gît dans le *Chapitre* (3). »

On connaît, avant le XVII⁰ siècle, quatre abbés du nom de Henri, savoir :

Henri I, mort en 1203 ;

Henri II, décédé en 1249 ;

Henri III de Tronville, vivant en 1347 ;

Henri IV de la Rappe, qui mourut en 1407.

Nous ne croyons pas qu'il s'agisse de l'un des deux premiers ; car, ce semble, le défunt, au XIIIᵉ siècle, aurait été inhumé dans la chapelle des Abbés.

2. Smaragde.

823.

L'illustre abbé Smaragde, mort, croit-on, le 12 octobre 823, fut inhumé dans l'ancien monastère ; mais, plus tard, on transporta son corps dans le nouveau.

(1) Côté de l'épître.

(2) Dumont, *Hist. de Saint-Mihiel*, IV, 12.

(3) Dumont, *ibid.*, IV, 26.

Chacun sait que ce savant religieux, « l'un des plus grands hommes de son temps », suivant Dom de l'Isle, se fit une très grande réputation par ses ouvrages de théologie et de morale, son voyage à Rome, et sa participation au Concile d'Aix-la-Chapelle, en 817, notamment lors de la fameuse discussion sur la *procession* du Saint-Esprit, dogme dont la définition amena le schisme de l'Eglise grecque.

L'abbé Smaragde, qui jouissait d'un immense crédit, transféra le monastère de Saint-Mihiel à la place qu'il occupa depuis. Mais, suivant Dom de l'Isle, « il ordonna à ses Religieux, sous peine d'anathème, de faire enterrer dans l'ancien Monastère ceux qui mourraient dans le nouveau... Cette coutume s'observa religieusement jusqu'en 1098, sous le Pape Urbain II, qui permit de les inhumer dans la nouvelle Abbaye ». Smaragde, comme il a été dit, cessa de vivre vers 823. « On lui fit, dit le même historien, une Epitaphe où il est marqué que Smaragde mourut le 12, jour auquel le soleil étoit sous le signe du Scorpion, c'est-à-dire le 12 Octobre. Cependant l'ancien Nécrologe de l'Abbaye recule sa mort jusqu'au 29 du même mois... Voici cette Epitaphe, telle qu'elle se trouve dans notre Chronique (1) :

CUM PIUS IMPERII LUDOVICUS JURA TENERET,
SMARAGDUS VIGUIT ISTIUS ABBA LOCI.
QUI LOCUS HUMANIS QUOD ERAT MINUS USIBUS APTUS,
HAUD PROCUL HINC SEDEM TRANSTULIT ILLE SUAM.
CUM TAMEN AD REGNUM MERUIT CELESTE VOCARI
REDDIDIT ANTIQUO MEMBRA FERENDA LOCO.
SCORPIO JAM PILEBUM DUODENA PARTE PREMEBAT.
SIDERA THEOLOGO CUM PATUERE VIRO (2).

(1) Elle est aussi rapportée dans l'*Histoire de l'insigne abbaye de Saintmhiel* (Toul, 1684), p. 38-39.
(2) Ce que l'on peut traduire ainsi :
Lorsque le pieux Louis tenait les rênes de l'Empire,
Smaragde brilla comme Abbé de ce lieu.
Cet endroit étant peu favorable aux besoins des hommes,
Non loin d'ici, il transféra sa résidence.
Mais, lorsqu'il mérita d'être appelé au royaume céleste,
Ses restes furent rendus et rapportés à l'antique monastère.
Le signe du Scorpion dans sa douzième partie pressait Phœbus
Quand le ciel s'ouvrit à ce grand Théologien.

» Cette Epitaphe, ajoute Dom de l'Isle, fut gravée sur le tombeau de Smaragde dans l'ancienne Eglise ; mais celle-ci ayant été ruinée, l'Epitaphe ne s'y trouve plus, quoique le tombeau subsiste encore auprès du Maître-Autel. Les Suédois, qui ravagèrent la Lorraine en 1635, étant venus à Vieux-Moutier, levèrent la tombe qui couvroit le corps de Smaragde, dans l'espérance d'y trouver un trésor ; après qu'ils se furent retirés, on la remit dans sa situation ordinaire. »

Parlant du monastère primitif, Dom Ruinart dit dans son *Voyage littéraire :* « Devant le grand autel est le tombeau de l'abbé Smaragde, dont les ossements ont été transférés au nouveau monastère (1). »

3. Albert II.
1076.

Dom de l'Isle ne donne pas de renseignements sur les sépultures des successeurs immédiats de Smaragde. A propos de Nanterre, qui fut assez célèbre et mourut en 1044, l'historien de 1684 dit que l'on trouve dans l'ancien nécrologe : « *Nanterus obiit 3. Nonas Novembris..... valde laudabilis in vita sua* (2). »

Puis il ajoute, touchant l'abbé qui vint après lui :

« Albert II luy succéda, et fut comme luy un très-digne Prélat qui eut très-grand soin du bien temporel et spirituel de son Monastère, et on voit, par une ancienne inscription qui fut trouvée dans son tombeau l'an 1614, devant le maistre Autel, lorsqu'on releva le chœur, que ce fut luy qui renouvella tous les fondements de l'Eglise et de la grosse Tour, et qui, sans doute, donna les grands jours qu'on y voit maintenant. Il mourut le 17 des Kalendes de May (3) l'an mil soixante et seize. »

M. Dumont parle de cet abbé comme ayant reçu la sépul-

---

(1) Dom Ruinart, *Voyage littéraire*, p. 126.
(2) *Hist. de l'ins. abb. de Saintmhiel*, p. 78. Les points d'interruption existent dans le texte.
(3) 15 avril.

ture dans la chapelle de Notre-Dame-des-Grottes, où, plus
tard, furent aussi inhumés les abbés Merlin et Henri de Lorraine, le R. P. de Menna, Charles d'Urre et sa femme. Vers
1051, dit-il, Albert II fit rebâtir l'église : « La justification de
cette reconstruction... résulte encore d'une inscription trouvée
postérieurement dans le tombeau de l'Abbé Albert (1). »

Et ailleurs, il mentionne ainsi la sépulture de ce prélat :
« L'Abbé Albert II, *qui hanc ecclesiam innovavit*, placé
emmi (au milieu) *le chœur*. Le petit carré de marbre, posé
par les moines sur sa tombe, se trouve aujourd'hui devant la
grille de la communion, où les arrangements postérieurs l'ont
sans doute replacé, mais peut-être un peu au hasard (2). »

Le « petit carré » en question ne datait probablement que
de la réfection de 1710. M. Maxe l'a cité, en en déplorant la
destruction. A propos des dalles funéraires de l'église, déplacées ou supprimées, il s'exprime ainsi (3) : « Mais il en est une,
entre toutes, qui devait trouver grâce dans cette exclusion
absolue : c'est celle-ci que nous avons relevée il y a longtemps déjà, et qui se voyait en avant de la table de communion :

Abbas
ALBERTUS
Hvius Templi
Restaurator
Obiit 17 Kal. Mai
1073

M. Maxe a sans doute inscrit 1073 au lieu de 1076. Tout indique que cette dalle ne devait pas remonter au delà du

(1) Dumont, *Hist. de Saint-Mihiel*, I, 39.
(2) Id., *ibid.*, IV, 26.
(3) *Mém. de la Soc. de Bar*, 1882, p. 219.

xviii° siècle ; mais ce n'était pas là une raison pour l'enlever.

4. Ornatus.

1094.

Ornatus, moine de Saint-Airy, à Verdun, fut élu abbé de
Saint-Mihiel en 1093. Ce prélat, « que, dit M. Dumont, les auteurs s'accordent à représenter comme d'une innocence et
d'une piété religieuse exemplaires, mourut après dix-huit
mois (1) de règne, non pas en 1098 (2), comme le dit le nécrologe, mais en 1094, suivant que le prouve l'inscription sur une
plaque de plomb, extraite de son tombeau en 1846, que nous
avons sous les yeux et qui est ainsi conçue :

« *Anno ab Incarnatione Domini MXCIIII indict. III Epact.
XII concur. VI. IIII K novemb. obiit Ornatus piissimus abbas
hujus cenobii vir valde ecclesiasticus qui rexit hanc ecclesiam
anno I Mensibus IIII (3).* »

Espérons que cette plaque a été non détruite, mais remise
dans le tombeau.

Ailleurs, parlant de la chapelle installée dans le fond du
transept placé du côté de l'évangile, M. Dumont dit : « C'est
dans cet emplacement... que fut trouvé le tombeau de l'Abbé
Ornatus, en 1846 (4) ».

5. Drogon.

1237.

Drogon fut abbé de Saint-Mihiel depuis 1212 jusqu'au jour
de sa mort, arrivée le 3 février 1237. Il gouverna le monastère

---

(1) Seulement 16 mois, d'après l'épitaphe qui suit.
(2) Dom de l'Isle (p. 78) dit : « L'Abbé Ornatus... mourut, selon notre
Nécrologe, le 26 mai de l'an 1098. »
(3) Dumont, I, 44-46. — Le comput convient à l'année 1094, en pre-
nant l'indiction impériale au lieu de la romaine, et l'épacte égyptienne
au lieu de l'épacte ordinaire. D'aucune façon il ne conviendrait à l'année
1098.
(4) *Ibid.*, IV, 23.

avec une grande intelligence et lui attira de très nombreux
bienfaits. Il reçut la sépulture, dit M. Dumont, *près du Sacraire*, mais probablement dans la chapelle des Abbés (1).

6. Vauthier II.

1279.

Vauthier II, élu abbé vers 1251, mourut, croit-on, en 1279.
Sous son administration, le monastère continua à recevoir des
dons considérables. Parlant de la chapelle de Saint-Jean-Baptiste, fondée en 1334 et située, selon toute apparence, du côté
de l'épître, sans que l'on sache exactement à quel endroit,
M. Dumont dit : « L'Abbé Vauthier, mort en 1279, était inhumé
derrière, suivant l'indication d'une épitaphe ancienne qui a
disparu (2). »

7. Willaume.

1309.

Willaume gouverna l'abbaye de Saint-Mihiel depuis environ
1294 jusqu'en 1309. Il fonda, l'année précédente, la chapelle de
l'hôpital. « Il mourut, dit M. Dumont, en janvier 1309, suivant
le nécrologe, qui mentionne qu'il a fait beaucoup de bien à son
monastère (3). »

C'est lui, sans doute, que le même auteur, à l'article des
fondations de l'église abbatiale, mentionne en ces termes :

« Willaume Abbé. — 20 sous de cens pour pitance, le jour
de la Décollation de saint Jean. — 2 muids de seigle, pour
faire du pain à distribuer aux pauvres, par l'Aumônier, le jour
des Ames.

» Fonda en partie la chapelle de l'Aumône (4). »

(1) Dumont, IV, 26.
(2) *Ibid.*, IV, 16.
(3) *Ibid.*, I, 92.
(4) *Ibid.*, I, 373.

8. Jean de Cheminot.

1333.

Jean de Cheminot, prévôt-moine, devint abbé vers 1321 et mourut, croit-on le 22 février 1333. A propos de l'emplacement du Sacraire, M. Dumont indique approximativement où était sa sépulture.

« On soupçonne, dit-il, que ce local était celui qui touche à la chapelle Saint-Pierre, qui sert de premier vestibule à la sacristie, si toutefois ce n'était pas la seconde antichambre de cette même sacristie, à laquelle on monte à l'aide de quelques marches. Si jamais on trouve là la tombe de l'Abbé Jean de Cheminot, elle pourra servir d'indication, car il est dit qu'il « gît » près du Sacraire » (1). »

Le même auteur remarque plus loin que, tout en étant placée *près du sacraire*, comme celle de l'abbé Drogon, la tombe de Jean de Cheminot pouvait cependant se trouver dans la chapelle des Abbés (2).

9. Geoffroid de Nicey.

1433.

Il se passe un siècle avant que nous retrouvions mention de la sépulture d'un abbé ; il nous faut, pour cela, arriver à Geoffroid de Nicey. Celui-ci, qui appartenait à une famille noble et influente, fut élu, vers 1412, à l'âge de vingt-cinq ans ; mais, par suite du grand schisme d'Occident, sa dignité lui fut, quelque temps, disputée par Regnault Paillardel, de Pont-à-Mousson, abbé de Saint-Vanne, dont le nom reviendra plus loin.

Pendant vingt années d'une époque assez troublée par les événements politiques, il gouverna le monastère avec beaucoup de prudence, reçut du roi René le titre de conseiller, donna à l'église abbatiale une grosse cloche, une croix d'argent

(1) Dumont, IV, 14. Cf. De l'Isle, p. 163.
(2) *Ibid.*, IV, 26.

renfermant une parcelle de la vraie croix, et enrichit aussi la
bibliothèque. Il mourut le 29 juillet 1433. Geoffroid de Nicey,
dit M. Dumont, « gît en la chapelle des Abbés (1) ».

10. Jean de Fresneau, senior.

1544.

Forcés, de nouveau, de franchir plus d'un siècle, nous men-
tionnerons ici Jean de Fresneau, dit senior, qui fut abbé commendataire de 1531 à 1544; selon toute probabilité, il fut enterré
dans l'église du monastère, apparemment dans la chapelle des
Abbés, et non pas dans celle des Apôtres, choisie ensuite par
sa famille. Nous retrouverons son nom en parlant, au chapitre
suivant, de son neveu, Jean de Fresneau, dit junior, qui lui
succéda, mais résigna plus tard ses bénéfices ecclésiastiques
pour se marier.

11. René Merlin.

1586.

René Merlin, trésorier, puis prévôt-moine de l'abbaye, fut
élu abbé régulier du monastère en 1570, à la suite du désistement de l'abbé commendataire Jean de Fresneau, junior. Il
appartenait, dit Dom de l'Isle, à une « famille honorée à Bar-
le-Duc et y possédant les postes les plus élevés à la Chambre
des comptes ». « Succédant à des commendataires insouciants,
fait observer M. Dumont, il avait beaucoup à faire pour mettre
le couvent en bon état, non-seulement au temporel, mais encore
au spirituel... Pour augmenter le revenu général, il fit unir
les Prieurés de Vieux-Moutier et de Saint-Blaise aux menses
du couvent... Les bâtiments de l'abbaye... furent tous réparés,
la maison abbatiale... fut reconstruite à neuf. »

Dom Merlin mourut le 4 octobre 1586. « Il fut, dit le même

(1) Dumont, IV, 26.

historien, inhumé dans son église, où son frère lui fit élever un superbe mausolée sur lequel il était représenté couché, entouré de quatre anges et revêtu de ses insignes. »

Dom de l'Isle dit de son côté :

« Jean Merlin, son frère, lui fit dresser un magnifique Mausolée de marbre, qui subsiste encore et qui est entouré de son Epitaphe en latin. Dom René Merlin paroit en relief sur ce tombeau de la taille à peu près dont il étoit ; la pierre qui le représente est blanche et aussi belle que du marbre. Dom Etienne Maillet, son Grand-Vicaire et Prieur, a fait graver, sur un marbre attaché à la muraille un peu au-dessus de son tombeau, les bienfaits de cet Abbé envers son Abbaye, en ces termes :

D. O. M.

Armoirie du R. P. D. René Merlin, Abbé de Céans, qui, après avoir décoré l'Église de trois Chapelles, de Niches et prétieux Ornemens et autres, Calice, Bassin, hauts Chandeliers, Vases d'Argent cizelés et dorés, avoir fondé par chacun Jeudy une Messe de la Trinité, fait réédifier tout a neuf la Maison abbatiale et divers membres en dépendans, décéda le 4 Octobre 1586. et les a fait cy poser Dom Etienne Maillet Grand Vicaire et Prieur en ladite Abbaye, a la mémoire de prier Dieu pour ledit feu sieur Abbé (1).

M. Marchand, de Saint-Mihiel, a laissé des *Notices* manuscrites sur le département de la Meuse, dans lesquelles, paraît-il, on lit : « En 1587, Ligier Richier fait le mausolée de Dom René Merlin, abbé de Saint-Mihiel (2). » Peut-être ce monument était-il l'œuvre d'un Richier, mais non pas de Ligier, dont le décès eut lieu, au plus tard, en 1567.

(1) Dom de l'Isle, *ibid.*, p. 221. M. Dumont (I, 254) a reproduit cette inscription, mais en l'altérant quelque peu.
(2) V. le *Narrateur de la Meuse* du 6 avril 1826.

12. Henri de Lorraine.

1626.

Fils légitimé du duc Henri de Lorraine, le prince Henri naquit vers 1588. Après avoir fait sa rhétorique à l'Université de Pont-à-Mousson, il se rendit en 1609 à Ingolstadt pour y étudier la philosophie. Dès 1607, il avait reçu en commende l'abbaye de Saint-Mihiel ; son intention était de s'y faire religieux, mais il mourut prématurément, le 24 novembre 1626.

« Son corps, dit l'historien du Monastère, fut porté dans son Abbaye de Saint-Mihiel, où il avoit désiré d'être enterré, dans les grottes souterraines consacrées à la sainte Vierge ; et on lui érigea un fort beau Mausolée de pierre blanche, avec sa Statuë ; le tout subsiste encore aujourd'hui dans toute sa beauté. On fit graver sur un marbre noir son Epitaphe que nous allons décrire. »

Voici ce texte : Dom de l'Isle dit que la sentence *Dum adhuc ordirer, succidit me* était « au dessus de l'Epitaphe », c'est-à-dire, probablement, dans l'encadrement du tableau.

Dum adhuc ordirer, succidit me (1).

Ne mireris Viator fastuosa molimina Hen-
rici a Lotharigia hic quondam Abbatis. Peregit
ipse sibi monumentum aliud, marmore et ære pe-
rennius, cum in majoris Ecclesiæ hujus aræ de-
coramentis, tum erecta (2) et amplissima MCC.
aureorum dote fundata confraternitate, ad au-
gustiorem augustissimi Sacramenti venerationem :
Cum etiam æde sacra Nanceii apud Benedictinæ
familiæ alumnos, quos hæredes ex asse instituit (3), Deiparæ dedicata, in cujus clientela,
se totum, suaque omnia constituit. Fuerunt ista
miræ indolis, avitæ pietatis, plane que propensi
in Dei cultum animi primitiæ : Moliebatur am-
pliora, nisi citius æternitati adolevisset, cui
præmatura morte examinatus, beate inauguratur,
ætatis suæ XXXVII. Virginei partus. M. DC.
XXVI. VIII. Kal. Decembris (4).

(1) *L'Hist. de l'ins. abb. de Saintmhiel* (1684) met cette sentence à
la fin de l'épitaphe. — Dom de l'Isle dit qu'elle est tirée du chapitre 36
d'Isaïe ; il faut lire du ch. xxxviii, verset 12 ; elle fait partie du can-
tique d'Ezéchias que l'on chante dans les Laudes de l'Office des morts.
On doit se rappeler que nous l'avons déjà rencontrée sur la tombe d'une
jeune femme dans l'église paroissiale de la même ville. (V. notre
article : *Monum. funér. de l'égl. Saint-Etienne à Saint-Mihiel*, p. 20 ;
extr. des *Mém. de la Soc. de Bar*, 1884.)

(2) Au lieu de *tum erecta*, l'ouvrage de 1684 met *erestatem*, sans
doute pour *erectionem*. Cette phrase et la suivante paraissent avoir été
mal copiées ; il y a certainement des mots passés ou tronqués.

(3) Les mots *quos hæredes ex asse instituit* n'existent pas dans l'ouvrage de 1684.

(4) Il est difficile de donner une traduction bien satisfaisante de cette
épitaphe ; en voici à peu près le sens :

Passant, ne sois pas étonné de ce fastueux appareil déployé en
l'honneur de Henri de Lorraine, autrefois abbé de ce lieu. Lui-
même s'est construit par ses œuvres un autre monument, plus durable
que le marbre et l'airain : la décoration du grand autel de cette
église ; l'érection d'une confrérie qu'il pourvut d'une dotation magni-
fique de 1,200 écus d'or, pour honorer d'un culte plus auguste le
très auguste Sacrement ; et aussi l'édification d'une église, à Nancy,
chez les novices de la famille bénédictine, qu'il institua ses légataires
universels, église dédiée à la Mère de Dieu, sous le patronage de

Dom de l'Isle ajoute : « Il ne faut point prendre à la lettre ce qui est dit dans cette Epitaphe, qu'il avoit fait bâtir aux Bénédictins une Eglise ; mais seulement qu'il en avoit eu la volonté, et l'avoit fait commencer... Ce qui n'empêche pas qu'on ne doive être pénétré envers ce Prince des mêmes sentimens de reconnoissance que s'il avoit effectué son dessein, et dont il a tout le mérite devant Dieu. — Son cœur fut déposé dans la Chapelle du Monastère des Bénédictins de Nancy, d'où il a été transporté dans leur nouvelle Eglise, bâtie en 1701, et posé sous un carreau de marbre...

» Ce Prince n'étoit que fils naturel du Duc Henri II. Mais il fut légitimé le 10 Janvier de l'an 1605. Les rares qualités tant de la nature que de la grâce, dont Dieu l'avoit favorisé, suppléoient abondamment à ce défaut de naissance. Aussi son père avoit-il pour lui les mêmes sentimens que s'il eût été légitime. Tout le monde pensoit de même sur son sujet. Son mérite supérieur l'égaloit aux plus grands Princes et le rendoit digne d'une vénération universelle (1). »

A propos de l'abbaye de Saint-Léopold de Nancy, l'abbé Lionnois dit aussi : « Henri de Lorraine.., connu d'abord sous le nom de *M. de Bainville*, avoit embrassé l'état ecclésiastique, et étoit pourvu en commende des abbayes de Saint-Mihiel, Bouzonville, Saint-Pierre-Mont, et des prieurés d'Insming et de Bleurville. C'étoit un Prince de même caractère que le bon Duc Henri son père, libéral, bienfaisant, plein de piété et de religion. Il avoit toutes les qualités de l'esprit et du corps qui forment un grand prince et un parfait ecclésiastique... Le jeune prince (vers 1625) prit la résolution de se consacrer à Dieu en se faisant religieux. On ne doute pas qu'il n'eût exécuté son dessein si Dieu ne l'eût appelé à lui peu après (2). »

---

laquelle il se plaça tout entier, lui et toutes ses œuvres. Telles furent les prémices d'une nature admirable, d'une piété héréditaire, d'une âme entièrement portée au culte de Dieu. Il méditait de plus vastes desseins ; mais il avait grandi trop vite pour l'éternité, dans laquelle, emporté par une mort prématurée, il est entré bienheureusement, à l'âge de 37 ans, le jour de l'enfantement de la Vierge 1626, le 8 des calendes de décembre.

(1) De l'Isle, p. 280.
(2) Lionnois, *Hist. de Nancy*, III, 5.

Ruinart, ainsi que l'on doit se le rappeler, mentionne le tombeau de Henri de Lorraine. Vers 1710, lorsque la chapelle des Grottes fut supprimée, le monument et les restes mortels du prince furent transférés « dans le transept (1) ».

IV. TOMBES REMARQUABLES.

1. Monument indéterminé.

Fin du XVIᵉ siècle (?).

Pour commencer ce chapitre, consacré aux tombeaux de différents personnages considérables, ou dont on connaît les épitaphes et sur lesquels on possède des renseignements particuliers, nous signalerons une pierre tumulaire indéterminée dont l'existence nous a été récemment révélée.

Lors d'un passage à Saint-Mihiel, en 1884, nous apprîmes par M. Baudet, sacristain de l'église Saint-Michel, qu'au moment des changements récents exécutés dans le transept, deux tombes avaient été placées sous les nouveaux autels; M. Monbled, membre du conseil de fabrique, s'était, ajoutait-on, chargé du soin d'en copier les inscriptions. Dans ces conditions, nous ne devions pas nous abstenir de nous adresser au transcripteur; M. Monbled s'est empressé de nous faire parvenir, avec la plus grande obligeance, tous les renseignements qu'il était en son pouvoir de nous donner.

L'une de ces tombes recouvrait le corps de Charles Le Pougnant, abbé de la Chalade; nous en parlerons dans un autre paragraphe. La première qui nous a été signalée ne saurait, quant à présent, recevoir une attribution. Voici ce qu'a bien voulu, à son sujet, nous écrire M. Monbled :

« J'ai, en effet, pris copie des deux inscriptions gravées sur deux grandes dalles de marbre noir qui ont été mises sous les tombeaux des deux autels récemment établis dans le transept de notre église, mais qui auparavant occupaient d'autres

_____

(1) Dumont, II, 24.

places... — Sur la dalle placée sous l'autel de saint Vincent de Paul, on lit :

MEMORES ESTOTE JUDICII MEI, SIC ENIM ERIT, ET VESTRUM.
HERI MIHI ET VOBIS HODIE (1).

« Aucune indication du nom de la personne que cette inscription concerne. Point de millésime. »

Les sentences de ce genre furent surtout de mode au xvie siècle; elles étaient même, à cette époque, d'un usage trop général pour qu'il soit permis de faire la moindre hypothèse à l'égard de celle-ci.

2. Jean de Fresneau, seigneur de Pierrefort.

Fin du xvie siècle.

Après avoir mentionné la fondation de la *chapelle des Apôtres*, en 1369, par le prévôt Huon de la Croix, — qu'il nous dit cependant l'avoir dédiée, non pas aux Apôtres, mais à saint Jean-Baptiste (2), — M. Dumont ajoute :

« Plus tard, on admit M. de Fresneau, sieur de Pierrefort, bailli de Clermont, demeurant à Saint-Mihiel, à y faire une autre fondation qui détrôna la première, ce qui fit qu'elle prit

---

(1) *Souvenez-vous de mon jugement; il en sera ainsi du vôtre. Hier à moi, et aujourd'hui à vous.*
La Vulgate donne ainsi ce texte, tiré de l'Ecclésiastique, XXXVIII, 23 : *Memor esto judicii mei : sic enim erit et tuum : mihi heri, et tibi hodie.* C'est-à-dire, en tenant compte du verset qui précède : « Souvenez-vous du jugement de Dieu sur moi : au lieu de pleurer ma mort, rappelez-vous mon sort, ma condition ; dites-vous bien que je suis jugé, et que votre sort arrivera dans peu. »
Ces sentences étaient fort à la mode. La tombe de Claude de Housse († 1617), et de sa femme, Catherine de Bufflégnecourt († 1612), à Han-devant-Pierrepont, porte celle-ci : SOVVENE VOVS DE MON IVGEMENT, TELLE SERAT LE VOSTRE. — Mathieu Chercelé, imprimeur à Tours au xvie siècle, avait cette autre : MIHI HERI ET TIBI HODIE. « C'est là une allusion aux figures représentées sur la marque, où nous voyons un crâne décharné et la mâchoire tombante, adossé à deux têtes à longue barbe, qui respirent la vie. *Hier c'était mon tour, et aujourd'hui ce sera le tien;* telles sont les paroles que fait entendre la lugubre devise. » (L. Palustre, *Bull. monum.*, 1882, p. 391.)
(2) « En l'honneur de Dieu, de la Vierge et de saint Jehan-Baptiste. » Dumont, IV, 17.

son nom et il s'y fit enterrer. Sa fille, Claude de Fresneau, veuve de M. Lenoncourt, bailli de Saint-Mihiel, ordonna par son testament que son cœur y serait déposé près de son père (1). »

M. Dumont eût bien fait de dire le prénom de ce « M. de Fresneau », ou la date de la fondation; car le bailli de Clermont et le père de Claude sont deux personnages différents, l'un père de l'autre. Il est certain que le second reçut la sépulture dans ladite chapelle; on ne sait rien de positif touchant celle du premier. Tous deux furent appelés « M. de Pierrefort », du nom de leur principale seigneurie. Plusieurs membres de leur famille ont pu être inhumés dans la chapelle des Apôtres.

Claude, femme de Louis-Jean de Lenoncourt, était fille de Jean de Fresneau, dit *junior*, qui, après avoir été abbé commendataire de Saint-Mihiel, de 1544 à 1570, abandonna ses bénéfices ecclésiastiques afin de se marier. Il appartenait à une maison noble, venue de l'Anjou du temps du roi René, et qui sut s'attirer des faveurs extraordinaires de la part des ducs de Lorraine. Jean, dit *senior*, malheureusement confondu par Dom de l'Isle avec son neveu, avait été abbé commendataire de Saint-Mihiel, de 1531 à 1544, administrateur perpétuel du Vieux-Moutier, prieur de Lay, de Dammarie, de Pressigny (au diocèse de Poitiers), et grand doyen de la cathédrale de Toul. Le 9 août 1537, il résigna l'abbaye de Saint-Mihiel et le prieuré de Lay à son neveu, Jean, *junior*, à condition qu'il n'entrerait en possession réelle qu'après sa mort, ce qui eut lieu en 1544.

Le père de ce dernier était Claude de Fresneau, chevalier, sire de Pierrefort, etc., bailli de Clermont, grand chambellan, conseiller et maître d'hôtel de Son Altesse, qui lui donna la terre de Trougnon (Heudicourt), en indemnité de pertes et pour ses bons services. Outre une sœur, Marie, mariée à Renaud du Châtelet, seigneur de *Maxel-sur-Vraye* (Maxeysur-Vaise ?), enseigne de la compagnie du duc de Lorraine,

(1) Dumont, II, 24.

Jean avait un frère, nommé René, qui mourut sans enfants de son mariage avec Françoise de Lenoncourt, laquelle épousa en secondes noces Philibert du Châtelet, baron de Cirey et de Saint-Amand. Se voyant le dernier de sa famille, Jean se décida, bien qu'âgé de soixante ans, à épouser, par contrat du 14 novembre 1570, Claude de Beauvau, fille de Claude de Beauvau, baron de Manonville, et de Nicole de Lutzelbourg. Il eut d'elle une fille, appelée Claude, qui fut alliée à Louis-Jean de Lenoncourt, seigneur de Serres, etc., bailli de Saint-Mihiel, conseiller d'État.

La date du décès de Jean de Fresneau n'est pas exactement connue ; il vivait encore en 1583, qualifié Chambellan de S. A. — « A sa mort, dit M. Dumont (*Ruines*, II, 205, note), ne pouvant être enterré dans la chapelle des Abbés à Saint-Mihiel, à raison de sa sécularisation, il le fut dans celle des Apôtres, où il avait fait une fondation et qui prit, dès ce moment, le nom de chapelle de Pierrefort. »

Nous retrouverons plus loin (§ 5), le nom de sa fille unique, Claude de Fresneau, mariée à Louis-Jean de Lenoncourt.

3. Jean III Le Pougnant, président des Grands-Jours, et Jeanne Peltre, sa femme.

1613 et 1605.

C'est, selon toute apparence, de l'église Saint-Michel que provient une pierre tombale dont la partie inférieure sert aujourd'hui de pavé aux lieux d'aisances de la maison voisine de l'abbaye, à l'angle de la rue Derrière-la-Ville. Ce fragment, de marbre noir, garni d'une jolie bordure renaissance, offre l'inscription que nous allons reproduire, gravée en capitales romaines. Le local en question est divisé en deux compartiments dont l'un est pavé d'une autre dalle de marbre noir qui pourrait bien être la partie supérieure, retournée, de la même tombe, ornée des armoiries.

Voici ce qu'on lit de l'épitaphe :

Hic jacent.

. . . .

. . . .

. . . .

[CO]NCILIIS ET IN HOC SENATV PRÆSES
..... PARCHA (1) TVRRIS IN VEPVRIA (2) MOLINARVM AD
..... AS (3), MONTICVLI (4), GRANGIÆ (5), HANNONVILLÆ (6)
[BR]WILLÆ (7) ETC. VITA FVNCTVS IPSO DEIPARÆ
[AS]SVMPTÆ DIE ANNO. M.DC.XIII (8)
[ET] VXOR AMANTISS. D. IOANNA PELTRÆ
[QV]Æ MORTUA AD VII. KALEND MARTIAS
[AN]NO M.DCV. (9)
.., BENE PRECARE MORTVIS.

Il est certain que cette tombe recouvrait les restes mortels de Jean III Le Pougnant, président des Grands-Jours de Saint-Mihiel, et de sa première femme, Jeanne Peltre.

Ce personnage était l'aîné des petits-fils de Jean Iᵉʳ Lepoignant ou Le Pougnant, etc., avocat en la cour de Saint-Mihiel, que le duc Charles III anoblit en 1555. Son père, Jean II Le Pougnant, conseiller d'Etat et président de la cour des Grands-Jours, avait épousé Philippe Warin, fille de Jean Warin, lieutenant général du bailliage de Saint-Mihiel.

(1) Nous ne pouvons expliquer cette fin de mot.
(2) Latour-en-Woëvre, canton de Fresnes-en-Woëvre, Meuse.
(3) Nous ne pouvons reconnaître le dernier mot; mais il s'agit sans doute de Moulins-lèz-Metz (1ᵉʳ canton de Metz), d'après un acte qui sera cité plus loin. Sans cet acte, suivant la remarque de notre confrère M. Jacob, on serait fort tenté de préférer le *Moulinel* de la carte de Cassini, qui est à peu de distance au N.-O. de Moncel (commune de Jarny, canton de Conflans).
(4) Moncel, commune de Jarny, canton de Conflans, Meurthe-et-Moselle.
(5) « La Grange (et ban de Randoise), au N.-E. d'Hannonville et à 1 kilom. au N. de Ville-sur-Iron. » — Note de M. A. Jacob.
(6) Hannonville-au-Passage, canton de Conflans, Meurthe-et-Moselle.
(7) *Bruvilla*, Bruville, canton de Conflans, Meurthe-et-Moselle.
(8) 15 août 1613.
(9) 23 février 1605.

Dom Pelletier mentionne Jean III :

« Jean le Poignant, III du nom, seigneur d'Alaumont, étoit procureur-général de Hattonchâtel en 1571, et conseiller-secrétaire d'état en 1581. Il fut depuis président en la cour des Grands-Jours de Saint-Mihiel, et mourut en 1613. Il avoit épousé : 1° Jeanne Peltre, fille de Nicolas Peltre, conseiller-secrétaire ordinaire de S. A. et auditeur des comptes de Lorraine, et de Renée de Valleroy ; et 2°, avec dispense, Françoise de Rosières, morte sans enfans, et fille de Jean de Rosières, seigneur de Sampigny, Vaudonville, etc., conseiller d'état et président en la cour souveraine de Saint-Mihiel, et de Jeanne Landinot. » Il eut, du premier lit, quatre enfants.

« Jean », dit M. Dumont, « qui fut seigneur d'Allamont et de La Tour en Woïvre, fut Procureur-général de Hattonchâtel, avocat fiscal à Bar et Conseiller-secrétaire d'Etat. — On l'appelait communément : M. le Pougnant le Secrétaire, pour le distinguer de son père. Il fut en cette qualité employé à plusieurs missions de confiance. »

Nicolas Peltre, beau-père de Jean Le Pougnant, avait reçu des lettres de noblesse en 1553. Jeanne était la plus jeune des deux filles issues de sa seconde femme, Renée de Valleroy. (D. Pell., art. *Peltre.*)

L'un des frères de Jean III Le Pougnant, Charles, abbé de la Chalade, fut aussi inhumé dans l'église Saint-Michel. Nous retrouverons plus loin son tombeau (§ 7).

Notre obligeant confrère, M. A. Jacob, archiviste de la Meuse, veut bien nous faire part de l'extrait suivant du vidimus, en date du 6 juillet 1612, d'un contrat, passé au président Le Pougnant, des rentes de plusieurs villages, rachetables moyennant 28.156 francs ; on y retrouvera la plupart des localités nommées dans l'épitaphe : « Vidimus et reversalles du contrat de vendition..... des rentes des villages de Hannonville-au-l'assage, Labeufville, Houaville et Batilly, deppendans de la prévosté de Lachaussée, Bruville et Urcourt, prévosté de Conflans, engagés par S. A., et passé par le Sr d'Apvrillot, en son nom, par Jean le Poignant, escuyer, seigneur de la Tour-en-Weipvre, Moncel, Moulins-devant-Mets, conseiller d'estat de S. A. et président de la cour de Saint-Mihiel, par lequel S. A. ayant auparavant vendu audit sieur, soubs faculté de réachapt, tous les dits villages et rentes en deppen-dants..... etc. » (Arch. de la Meuse, B. 260, f. 208.)

4. Le R. P. de Menna.

1614.

Dans la première moitié du XVIIᵉ siècle, la chapelle de Notre-Dame des Grottes fut enrichie des magnifiques tombeaux de Charles d'Urre-Thessières, seigneur de Commercy, de sa femme Marie de Marcossey, et de son confesseur, le R. P. de Menna, qui mourut le premier, en 1614.

« Celui-cy, dit Dom de l'Isle (p. 389), étoit de l'illustre Famille de ce nom, de Crémone en Italie. Il se fit d'abord Capucin ; Grégoire XIV, Pape, lui accorda ensuite la permission de passer à l'Ordre des Chartreux. Il fut reçu dans la grande Chartreuse ; mais je ne sais pour quelle raison il eut dispense, pour venir faire sa profession dans la Chartreuse de Rhetel, près la Ville de Sierck, entre Trèves et Metz. Le Père Menna avoit de grands sentimens de piété et de religion, qui parois-sent dans les ouvrages qu'il a composés sur cette matière. Il s'étoit attiré la confiance entière de M. de Thessières et de toute sa maison, dont il gouverna les affaires spirituelles avec beaucoup de zèle, de sagesse et de prudence pendant l'espace de dix ans. Parvenu à l'âge de quatre-vingts ans, il mourut à Commercy, le 10 Mai 1614. Le Prieur de la Chartreuse de Rhetel, qui étoit présent, lui fit part des indulgences et des privilèges que le saint Siège a accordés aux moribonds de cet Ordre. M. de Thessières, pénétré de reconnoissance envers ce saint Religieux, s'étoit mis en chemin pour accompagner son corps, qu'on devoit enterrer dans l'Eglise de la Chartreuse de Rhetel ; mais les passages étant fermés de toute part par les gens de guerre, qui innondoient, il fut obligé de retourner et de se désister d'un voyage que les circonstances rendoient dangereux. On lui conseilla de faire enterrer ce Père dans une

Eglise Régulière; celle de l'Abbaye de Saint-Mihiel fut choisie pour ce sujet, Il est représenté en relief près de sa tombe, où l'on voit l'Epitaphe suivante :

Epitaphe du R. P. de Menna.

SEPULCHRUM R. P. DOM. ANTONII DE MENNA EX ILLUSTRI FAMILIA A CREMONENSI ORIUNDI, INSIGNIS THEOLOGI MAJORIS CARTHUSIÆ PROFESSI, QUI OB SUAS RARAS VIRTUTES AB ILLUSTRI DOMINO CAROLO DE THESSIERES IMPETRATUS FUIT A SUMMO PONTIFICE GREGORIO XIV ET CONFIRMATIVE A CLEMENTE VIII, UT PATET EX DIPLOMATIBUS PONTIFICIIS ET GENERALIS ORDINIS CARTHUSIANORUM, ET HOC EX SPECIALI PRIVILEGIO AD DIRECTIONEM DICTI DOMINI DE THESSIERES ET TOTIUS FAMILIÆ, IN REBUS SALUTIS, ET EXERCITIIS SPIRITUALIBUS, IN QUIBUS SUMME MERITORIE, SUMMA- QUE CUM OMNIUM ÆDIFICATIONE INCUMBERE NON CESSAVIT, ET SIC PLENE SANCTÆ SEDIS SUORUM QUE SUPERIORUM PRÆSCRIPTO SATISFECIT, SED ETIAM TANTA CUM ASSIDUA CHARITATE, UT OCTOGENARIUS FACTUS, SEXAGINTA TRIBUS ANNIS IN RELIGIONE COMPLETIS, DIVINA BONITAS LABORES EJUS FŒLICI OBITU TERMINAVIT 10 MAII 1614, POST SUSCEPTIONEM OMNIUM INDULGENTIARUM ET PRIVILEGIORUM S. ORDINIS CARTHUSIENSIS PER MINISTERIUM B. P. PETRI HAYMANS PRIORIS CARTHUSIÆ RUTHILANÆ, IN QUA NOMINE MAJORIS CARTHUSIÆ PROFESSIONEM EMISERAT, ET QUIA EO VENERABILE CORPUS DEFUNCTI PIÆ MEMORIÆ JUXTA SUAM SUORUMQUE SUPERIORUM INTENTIONEM PER DICTUM DOM DE THESSIERES, QUI ITER AD HOC ORNARAT (OBSTANTIBUS BELLICIS TUMULTIBUS) TUTO DEPORTARI NON POTUIT, DICTUS DOM DE THESSIERES REVOCATUS AB ITINERE PERICULOSO, CONSILIO R. P. PRIORIS HUJUS LOCI ANNUENTIS POSSE HONORIFICE ET RELIGIOSE IN ALIQUA HUJUS PROVINCIÆ ECCLESIA REGULARI HUMARI, QUO PERMOTUS HANC ELEGIT. HIC AUTEM SEPULTUS EST DIE 12 MAII 1614, EX APPROBATIONE POST MODUM SEQUENTE R. P. VISITATORIS ORDINIS CARTHUSIANORUM. VIVAT IN CŒLO, QUI IN TERRIS POSITUS MAGNIS FULSIT VIRTUTIBUS (1). ›

(1) Traduction :

Tombeau du R. P. Dom Antoine de Menna, issu d'une illustre famille de Crémone, insigne théologien, profès de la Grande Char-

5. Charles d'Urre-Thessières, seigneur en partie de Commercy, et Marie de Marcossey, sa femme.

1629 et 1633.

Charles d'Urre, seigneur de Thessières, en Dauphiné, et de Commercy en partie, était fils de Jean d'Urre, seigneur de Thessières, maître d'hôtel du duc de Lorraine, et d'Antoinette de Larban, dite de Villeneuve, héritière de la seigneurie de Commercy pour la part de Sarrebrück. Il épousa Marie de Marcossey et eut d'elle six filles, dont trois furent alliées aux familles de Beauvau, des Armoises et de Raigecourt ; les trois autres entrèrent en religion (1).

Après avoir été chambellan et conseiller d'Etat du duc de Lorraine, Charles d'Urre se retira à Commercy et, du consen-

treuse. A cause de ses rares vertus, il fut accordé à l'illustre seigneur Charles de Thessières par le Souverain Pontife Grégoire XIV et par Clément VIII, qui confirma cette faveur, ainsi qu'il ressort des diplômes du Souverain Pontife et du général de l'ordre des Chartreux : et cela, par un privilège spécial, pour la direction dudit seigneur de Thessières et de toute sa famille, dans les affaires du salut et les exercices spirituels, toutes choses auxquelles il ne cessa de s'appliquer de la façon la plus fructueuse et à la plus grande édification de tous. Et ainsi il satisfit pleinement aux prescriptions du Saint-Siège et de ses supérieurs ; il le fit même avec une charité si grande et si continue qu'il était devenu octogénaire, ayant passé en religion soixante-trois ans, quand il arriva, par la grâce divine, au terme de ses travaux, couronnés par une heureuse mort, le 10 mai 1614, après avoir reçu l'application de toutes les indulgences et privilèges du saint ordre des Chartreux, par le ministère du R. P. Pierre Haymans, prieur de la chartreuse de Rettel, laquelle, au nom de la Grande Chartreuse, avait autrefois reçu sa profession. Et comme le corps vénérable du défunt, de pieuse mémoire, ne pouvait, selon ses intentions et celles de ses supérieurs, être transporté dans ce lieu par ledit seigneur de Thessières, qui avait cependant tout disposé pour la route (les troubles des guerres s'opposant à l'exécution de ce projet), ledit seigneur de Thessières renonça à ce voyage dangereux sur le conseil du R. P. Prieur de ce même couvent, qui fut d'avis que le corps pouvait être inhumé honorablement et religieusement dans quelque église régulière de cette province ; et, déférant à cet avis, il choisit cette église.

Ici donc, il fut inhumé le 12 mai 1611, et le R. P. Visiteur de l'Ordre des Chartreux donna ensuite son approbation.

Qu'il vive dans le ciel, celui qui sur terre brilla par de grandes vertus !

(1) Dumont, *Hist. de Commercy*, t. II, et Husson-l'Escossois, art. *D'Urre*.

tement de sa femme, mena, pendant environ vingt-quatre
années, une vie ascétique. Il entretint longtemps des relations
avec l'abbé Henezon et aussi avec le cardinal de Retz. M. Dumont (1) prétend que « son instruction... fut viciée par de
minutieuses pratiques de dévotion, qui enchaînèrent en lui la
liberté de la pensée, et n'aboutirent qu'à paralyser d'éminentes
facultés dont le bien public avait droit d'attendre plus de services »; peut-être, cependant, y a-t-il lieu de se tenir en garde
contre les appréciations de cet auteur et contre l'aspect sous
lequel certains faits ont été présentés par lui.

Charles d'Urre, dit Dom de l'Isle (p. 387), « fut enterré dans
l'Abbaye de Saint-Mihiel, ou Madame son Epouse lui fit dresser
un très beau Mausolée ; il y est représenté à genoux, ayant
derrière lui le P. Menna qui le présente à son Sauveur; vis-
à-vis de lui se voit Madame son Epouse aussi à genoux. »

Le même historien rapporte ainsi son épitaphe, précédée
d'un verset du Psaume 47 (verset 9) :

SICUT AUDIVIMUS, SIC VIDIMUS IN CIVITATE DOMINI
VIRTUTUM, IN CIVITATE DEI NOSTRI.

CONDONANDUM, PII CINERES, SI VOTA VESTRA IMMO-
DERATIOR PIETAS SUPERGRESSA, CAROLI DE THESSIÈRES,
DOMINI DE COMMERCY, CUJUS ESTIS ÆTERNÆ MEMORIÆ.
QUIN INJURIOSUM LATERE STEMMATA DE DURRE HAC-
TENUS, GALLIÆ LOTHARINGIÆ QUE VALIDA PRÆSIDIA.
QUIBUS VOS NON DEGENERES PULVIS, PARIS ANIMI AC
GLORIÆ SEMPER CUM PRIMIS AD PENETRALIA CONSILIA
APUD DUCES, ETIAM LEGATIONE AD IMPERATOREM CLA-
RUISTIS. EA IN OMNIBUS INTEGRITATE, QUÆ CŒLO FIXA
SOLO MAJOR ; HONORUM AGMEN, SIMUL PROPRIAS FOR-
TUNAS ASPERNARETUR INEXHAUSTA IN USUS PIOS LIBE-
RALITATE. TANTÆ VIR FIDEI, ÆQUITATIS, RELIGIONIS,
UT MISSIS PERITURIS, AD PERENNATURA TOTUS IRET,
TOTUS MISERORUM OMNIUM COMPLORATIONE CARA TES-
SERA PERVENIRET. 15. CALEND. AUG. AN. 1629. ÆTA-
TIS 70 (2).

(1) Dumont, *ibid.*, II, 17.
(2) Dom de l'Isle, *ibid.*, p. 387-388. — M. Dumont, *Hist. de Commercy*, t. II, p. 54, a reproduit cette épitaphe; mais il a passé le verset

« Mme de Thessières, suivant M. Dumont, ne survécut que quatre ans à son mari (1). » Il ajoute qu'elle fut enterrée auprès de lui (2). Ils « donnèrent, dit-il, 4.200 fr. pour une messe quotidienne et un service solennel dans la semaine de l'Ascension. M. de Thessières y donna aussi une petite vierge en bois, sculptée sur un fragment du morceau de bois trouvé à Montaigu (3) en Brabant, dans lequel la renommée publiait que la figure de la vierge s'était trouvée empreinte. Ce petit chef-d'œuvre, mis au trésor après la fermeture des Grottes, devait par sa nature devenir la première proie des flammes dans l'auto-da-fé de 1791, aussi il n'y manqua pas (4). »

Lors du remaniement de 1710, les tombeaux de la chapelle des Grottes et les corps qu'ils recouvraient furent transférés dans la chapelle des Abbés.

Relativement à l'origine de la femme de Charles d'Urre, M. Dumont se borne à dire que, sous les auspices du duc de Lorraine, « il épousa Marie de Marcossey, fille de l'un des écuyers de ce prince ». Husson-l'Escossois (art. *D'Urre*),

qui la commence, et, ce qui est plus grave, tout le membre de phrase : « *pulvis, paris animi ac gloriœ semper cum* », ce qui rend le sens singulièrement obscur. Voici une traduction de cette épitaphe, rédigée en assez mauvais latin :

Les choses que nous avons entendues, nous les avons vues dans la cité du Seigneur des vertus, dans la cité de notre Dieu.

Pardonnez, cendres pieuses, si vos vœux ont été surpassés par la piété sans mesure de Charles de Thessières, seigneur de Commercy, dont vous rappelez l'éternelle mémoire. — Bien plus, il serait injuste de laisser plus longtemps dans l'oubli les titres glorieux de la famille des Durre, puissants auxiliaires de la France et de la Lorraine. Vous n'êtes pas dégénérée de vos aïeux, noble poussière : comme eux, avec le même génie et la même gloire, vous avez toujours brillé parmi les premiers et dans les conseils secrets des Ducs, et aussi dans une ambassade vers l'Empereur. — En tout, il eut cette intégrité qui, fixée au ciel, s'élève au-dessus de la terre : aussi méprisait-il le cortège des hommes en même temps que sa propre fortune, qu'il employait en œuvres pies avec inépuisable libéralité. Il fut homme de foi, d'équité et de religion au point que, dédaignant les biens périssables, il s'éleva vers les biens immortels, et que tout entier il y parvint, Tessère chérie, pleuré de tous les malheureux, le 15e des calendes d'août, en l'année 1629, âgé de 70 ans.

(1) Dumont, *Hist. de Commercy*, II, 55.

(2) Dumont, *Hist. de Saint Mihiel*, IV, 15.

(3) Aussi donnait-on quelquefois à la chapelle le nom de Notre-Dame-de-Montaigu.

(4) Dumont, *Hist. de Saint-Mihiel*, IV, 15.

nomme cette dame : « N. de Marcossey, fille de Claude de Beauvau » ; mais il est évident que ce dernier nom est celui de la mère. Il y a donc tout lieu de croire que Marie avait pour parents « Estienne de Marcossey, sieur de Dompjulien », et « Claude de Beauvau, fille de Claude de Beauvau, sieur de Sandaucourt, et de Claude du Fay, fille de Iean, sieur du Boy Hubert, et d'Anthoinette de Fauquet en Anjou » (Husson-l'Escossois). La famille de Marcossey, originaire de Savoie, s'était établie en Lorraine vers le milieu du xvie siècle.

6. Le cœur de Claude de Fresneau, femme de Louis-Jean de Lenoncourt.

1632.

On a vu que Claude de Fresneau, mariée à Louis-Jean de Lenoncourt, seigneur de Serres, etc., bailli de Saint-Mihiel, conseiller d'Etat, voulut que son cœur reposât dans la chapelle qui avait pris le nom de sa famille.

Devenue veuve en 1594, elle fit, en effet, un testament, daté du 20 septembre 1631, par lequel elle demanda que son cœur fût déposé auprès du corps de son père, Jean de Fresneau, seigneur de Pierrefort. Voici le passage en question ; Claude ordonne que son corps soit enterré avec celui de son mari dans l'église des Minimes, à Serres, puis elle ajoute :

« Je veux qu'il en soit tiré et distrait mon cœur, et qu'icelui soit mis auprès de feu Monsieur et père en la ville de Saint-Mihiel, dans l'église des Pères Religieux de l'Ordre de Saint-Benoît, en la chapelle de Pierrefort qui est érigée en icelle église (1). »

Or, il convient de rapprocher de ce testament le fait suivant, dont M. Monbled, outre l'envoi des deux inscriptions qui nous avaient été indiquées, a bien voulu nous faire part.

« Lors du grattage complet de notre belle église, nous écrit notre honorable correspondant, nous avons fait une décou-

(1) Dumont, *Ruines de la Meuse*, II, 206.

verte que j'ai mentionnée, le 13 février 1879, sur le registre des délibérations du conseil de fabrique. Dans le vestibule tenant à la maison du sacristain dans lequel se trouvent, dans des niches, deux statues que l'on suppose représenter le comte Wulfoade, fondateur de l'abbaye et son aumônier (1), l'ouvrier, en grattant le mur au-dessous de ces statues, au niveau du sol, présuma qu'il existait un vide pouvant renfermer quelque chose. — M'étant rendu sur place, je fis desceller deux pierres, sur l'une desquelles se trouve, en gravure, une croix et le millésime 1632. Ces pierres forment deux cases juxtaposées. L'une était vide, l'autre, fermée par la pierre sur laquelle existent la croix et le millésime, contenait une boîte en plomb bien conservée servant, à en juger par la forme d'enveloppe, à un cœur. — J'ai vainement cherché un indice permettant de savoir de quel corps ce cœur pouvait provenir, je n'ai rien trouvé. — Cette boîte a été remise à sa place, et les deux cases ont été refermées. »

L'emplacement de l'ancienne chapelle de Pierrefort étant inconnu, n'y a-t-il pas lieu de supposer que ce cœur est celui de Claude de Fresneau, — dont on aurait ainsi la date mortuaire, postérieure d'un an à son testament, — et que la chapelle en question occupait l'emplacement du vestibule cité, en arrière du transept, du côté de l'évangile ?

7. Charles Le Pougnant, ancien abbé de La Chalade.

1635.

Charles Le Pougnant, qui fut abbé de La Chalade, quitta ce monastère pour venir résider dans l'abbaye de Saint-Mihiel et y fut enterré en 1635. En 1633, il fonda une messe de Notre-

---

(1) L'opinion commune qui voit dans ces deux statues le comte Wulfoade et son aumônier est inadmissible : ces personnages, placés isolément chacun dans une niche, ne peuvent être que des saints. Nous ne savons pas exactement quel est le premier. Le second, il n'y a pas moyen d'en douter, représente saint Yve, vêtu comme les procureurs l'étaient du temps de Louis XIV; il tient à la main, non pas une bourse d'argent, mais un très curieux sac à procès. Cette statue est fort intéressante.

Dame, à dire tous les samedis à la chapelle de Saint-Benoît.
« La pierre tombale de cet Abbé, dit M. Dumont (qui a omis de
transcrire l'épitaphe et même d'indiquer la date mortuaire),
se trouve aujourd'hui dans l'église, à droite au bas des marches
qui conduisent à la sacristie, en parfaite situation d'humidité,
pour être bientôt entièrement rongée par les clous des gros
souliers qui abondent de ce côté (1). »

Cette tombe a été enterrée, depuis les derniers changements, sous l'autel du Sacré-Cœur, dans le transept de
l'Epître. D'après la description que nous en devons à l'obligeance de M. Monbled, c'est une grande dalle de marbre noir ;
« dans un encadrement composé de filets avec têtes d'anges
aux angles et au fronton, est gravée l'inscription suivante » :

HAC SUB URNA NOVISSIMAM MUTA—
TIONEM EXPECTANT PII CINERES R IN
CHRISTO PATRIS D. CAROLI LEPOUGNANT,
QUONDAM ABBATIS DIGNISSIMI B. MARIÆ
DE CAILADIA ET RELIGIOSI HUJUS MONASTERII
QUI SUIS OPIBUS AD PIAS CAUSAS DISTRIBUTIS
RELIGIOSA PAUPERTATE DIVES ANIMAM
CŒLO UMBRAM SOLO POSTERIS FŒLICEM
SUI MEMORIAM COMMENDAVIT.
INAUGURATUR NONIS JANUARII PARTUS
VIRGINIS. M.DCXXXV (2).

Cinquième fils de Jean II Le Pougnant, conseiller d'Etat et
président de la cour des Grands-Jours de Saint-Mihiel, frère

(1) Dumont, IV, 24.
(2) *Sous cette urne funéraire, attendent la dernière transformation
les cendres du pieux et révérend père en J.-C. Messire Charles le
Pougnant, autrefois très digne abbé de Notre-Dame de La Chalade et
religieux de ce monastère. Après avoir distribué ses biens en bonnes
œuvres, riche de sa pauvreté religieuse, il confia son âme au ciel, son
ombre à la terre, et son heureux souvenir à la postérité.*
Bien qu'elle se ressente du goût de l'époque pour les expressions
empruntées à l'antiquité païenne, *hac* SUB URNA.., UMBRAM *solo..*, cette
épitaphe est d'un style très concis, très correct et fort beau dans sa
simplicité. Les admirables pensées qui la terminent sont exprimées
avec un rare bonheur.

de Jean III, dont il a été parlé plus haut (§ 3), CHARLES, dit
M. Dumont, fut « Abbé de la Chalade, où il ne put résider, trésorier de l'Abbaye de Saint-Mihiel et Prieur de Lay (1). » — Dans
les fondations à l'église paroissiale, le même historien cite :
« 1632. *Charles Le Pougnant, ancien Abbé de la Chalade.*
» Messe chaque semaine. — 42 fr. de rente (2). »

8. Le R. P. Jean Fourier, S. J.

1636.

Les Bénédictins, qui, dans tant de localités, eurent des difficultés de plus d'un genre avec les disciples de saint Ignace,
s'honorèrent, à Saint-Mihiel, de recevoir dans leur église le
corps de Jean Fourier, supérieur de la maison des Jésuites de
cette ville, et proche parent du B. Pierre Fourier.

Dom de l'Isle donne, à la résidence en question, le nom
d'Hospice, parce que, dit-il, ces religieux la fondèrent « pour y
recevoir ceux de leurs Confrères qui passeroient par cette
Ville pour aller dans les différens Colléges où ils étoient desti-
nés ». Voici comment (p. 377) il s'exprime au sujet du personnage dont nous nous occupons :

« Le R. P. Jean Fourier fut un des premiers Supérieurs de
l'Hospice dont on vient de parler. Celui-cy étoit proche parent
du B. H. Pierre Fourrier, Curé de Mattincourt, qui le consul-
toit souvent et déféroit beaucoup à ses lumières. On le met au
nombre des meilleurs Sujets que la Lorraine ait donnés à la
Compagnie de Jésus. Après avoir été Recteur du Collége de
Pont-à-Mousson, il passa à la Province de Lyon, où il fut fait
Recteur, Vice-Provincial et Provincial. Il fut Directeur pendant quelque tems de saint François de Sales, ainsi que ce
Saint le témoigne dans la préface de son Introduction à la vie
dévote. De retour, en 1627, dans la Province de Champagne,
il en fut fait Provincial, et, après l'exercice de son employ

_____

(1) Dumont, *Nobil. de Saint-Mihiel*, I, 119; voir aussi *Hist. de
Saint-Mihiel*, I, 274, et D. Pelletier, p. 478.
(2) Dumont, *Hist. de Saint-Mihiel*, III, 310.

pendant trois ans, Supérieur de l'Hospice de Saint-Mihiel, où il mourut en 1636. Il ne put être enterré dans l'Eglise de sa Maison, qui ne se bâtissoit que successivement, à proportion que les Fidèles y contribuoient par leurs charités. Les Bénédictins, qui avoient une vénération singulière pour ce grand homme, et en reconnaissance des marques d'attention qu'il leur avoient données, offrirent leur Eglise pour lui donner la sépulture. Il y fut en effet inhumé au pied du grand Autel, du côté de l'Evangille, sous un marbre, sur lequel son nom et le tems de sa mort sont gravés. »

M. Dumont, résumant Dom de l'Isle, dit également que Jean Fourier fut inhumé dans l'église de l'Abbaye, « devant le grand autel, du côté de l'évangile, *où le marbre portant son inscription a été conservé* (1) ». M. Dumont a-t-il suivi trop servilement l'historien ancien, ou bien l'épitaphe avait-elle subsisté réellement jusqu'en 1862 ? Dans ce dernier cas, il serait bien coupable de ne l'avoir pas transcrite, car nous ne l'avons plus retrouvée.

9. Gérard Darmur, seigneur de Maizey.

1647.

Il y a peu d'années existait encore, suivant M. Dumont, la tombe de Gérard Darmur, qui mourut en 1647 et fut le bisaïeul de Jean-François, mari de Thérèse de Mangot, dont on a vu plus haut l'épitaphe (1re partie, § x). Le premier de sa famille, dit le même historien, il « vint à Saint-Mihiel, en qualité d'officier dans les troupes de Charles IV, où il avait le rang de Colonel et remplissait, en 1641, les fonctions de Prévôt d'armée. Il épousa Claude Rutant, fille de Jean Rutant, Lieutenant-général du Bailliage, et de Anne Marien... Gérard Darmur, étant mort en 1647, sa veuve se remaria en 1649 à Jean de Bettainviller, seigneur de Monthberg, Annelanges, Clouanges, etc. La tombe de Gérard Darmur, placée sur sa sépul-

(1) *Hist. de Saint-Mihiel*, III, 57.

ture, était au milieu de la nef dans l'église de l'Abbaye, d'où elle vient d'être arrachée pour la prétendue symétrie du pavé (1). »

Cette tombe a donc été récemment détruite, à moins que M. Dumont n'ait confondu avec celle de Thérèse de Mangot, femme de Jean-François Darmur, ce qui n'est guère probable.

M. Dumont cite la fondation suivante faite par le défunt et sa femme :

« M. Gérard Darmur, seigneur de Maizey, dame Claude Rutant, son épouse, — 600 fr. pour une messe haute du Saint-Sacrement tous les derniers jeudis de chaque mois (2). »

10. Dom Charles Gondrecourt.

1678.

Ce religieux, né à Saint-Mihiel, était, suivant Dom de l'Isle, « fils d'un Président des Grands-Jours » et « oncle du premier Président de la Cour de Nancy. » M. Dumont, qui le cite dans la partie biographique de son *Histoire de Saint-Mihiel* (IV, 364), le dit fils d'Humbert de Gondrecourt, le célèbre président de la cour ambulatoire des Grands-Jours du temps de Charles IV, qui devint premier président du Parlement de Lorraine et Barrois, fut marié deux fois et mourut en 1664. Mais, dans son *Nobiliaire*, M. Dumont ne cite pas Dom Charles de Gondrecourt; ou, du moins, il ne dit pas lequel des fils du président devint religieux (les Bénédictins changeant leur prénom de baptême). Dom Pelletier ne le mentionne pas non plus. Quoi qu'il en soit, Dom Charles de Gondrecourt, entré en religion le 20 mars 1623, devint visiteur, prieur de l'abbaye de Senones et d'Haréville ; il mourut le 10 janvier 1678.

Très lié avec Charles d'Urre de Thessières, il fut son directeur de conscience et écrivit plusieurs ouvrages sur sa vie.

---

(1) Dumont, *Nobil. de Saint-Mihiel*, II, 150.
(2) Dumont, *Hist. de Saint-Mihiel*, IV, 26; cf. I, 377.

Dom de l'Isle ajoute : « Il est enterré dans notre Eglise de Saint-Mihiel devant l'autel de la Vierge (1). »

11. Dominique de Malclerc.

1691.

Dom de l'Isle (p. 333) mentionne en ces termes l'inhumation de ce personnage :

« Le sieur de Malcrec (*sic*), Ecuyer du Cardinal de Retz, lui survêquit douze ans, n'étant mort que le 21 août 1691. Il est enterré dans l'Eglise de l'Abbaye de Saint-Mihiel sous une Tombe de marbre, sur laquelle son Epitaphe est gravée, qui le qualifie Seigneur de Sommerviller dans le ban de Crévic, et de Dombasle en partie, Gouverneur des Châteaux et Ville de Commercy. Dans le dessein de faire passer à la postérité la mémoire du Cardinal de Retz et de son attachement pour lui, il fonda à perpétuité dans la même Abbaye de Saint-Mihiel deux anniversaires, l'un pour le repos de son âme le 21 Août et l'autre pour celle du Cardinal de Retz le 23 du même mois, et en outre une Messe basse chaque mois, qui s'acquitent fort exactement. »

Le même seigneur est ainsi mentionné par Dom Pelletier :

« Dominique Malclerc, seigneur de Sommerviller, gouverneur de Commercy, mourut sans alliance à Saint-Mihiel, et fut inhumé en l'abbaïe de ladite ville. » — Il était fils de Jean II Malclerc, « seigneur de Sommerviller, ban de Crevic et Dombasle en partie, capitaine d'infanterie pour le service du duc de Lorraine, puis gouverneur de Commercy », et d' « Hélène de Taillefumier ». La famille Malclerc fut anoblie par le duc Antoine en 1528.

(1) Cf. De l'Isle, p. 391, 392 ; Dom Pelletier, *Nobil. de Lorr.*, p. 315-316 ; Dumont, *Hist. de Saint-Mihiel*, IV, 364, et *Nobil. de Saint-Mihiel*, I, 79-80.

12. Frère Hilarion Boulanger.

1731.

M. Dumont dit, dans son *Histoire de Saint-Mihiel*, en parlant
de l'église abbatiale : « Si l'on s'en rapporte à une épitaphe
perdue au milieu des pavés du monument qu'il a dénaturé,
ce fut un Frère Hilarion Boulanger qui fut l'architecte-restau-
rateur plus ou moins coupable de cet attentat (1). » — On sait
que la réfection de l'édifice eut lieu vers 1710 ; M. Dumont ne
la qualifie point partout aussi sévèrement; il eût mieux fait
de transcrire l'épitaphe, aujourd'hui disparue.

Heureusement M. Maxe a mentionné cette tombe, en même
temps que celle de Marc Boulanger (V. *Première Partie*, § 6).
« Deux autres dalles funéraires », dit-il, après avoir rapporté
celle de l'abbé Albert, « semblaient aussi devoir appeler
l'intérêt et le respect, celles de maître Marc Boulanger, et
F. Hilario. Boulanger, tous les deux architectes des bâtiments, celui-ci de l'église, qui moururent, le premier le
4 novembre 1687, âgé de 44 ans, le second le 5 juillet 1731 (2). »

Le même architecte travailla aussi à l'église paroissiale. A
l'occasion de la création du chapitre, en 1711, M. Dumont dit :
« Pour recevoir un si grand accroissement de personnel, il
fallait quelque changement dans l'intérieur de l'église. » La
fabrique proposa, pour augmenter les places, de faire disparaître tous les autels adossés aux piliers pour les reporter
contre les murs. « L'enlèvement eut lieu par les soins du
sculpteur Cimar, secondé par frère Hilarion Boulanger, l'architecte de l'Abbaye (3). »

Le frère Hilarion Boulanger était peut-être le fils ou le
neveu de l'architecte Marc Boulanger, dont la dalle funéraire
est encore conservée.

(1) Dumont, *Hist. de Saint-Mihiel*, II, 163.
(2) A. Maxe, *Mém. de la Soc. de Bar*, 1882, p. 219.
(3) Dumont, III, 284.

13. Transport des ossements du comte Wulfoade et de la comtesse Adalsinde.

1809.

Sous le premier Empire, environ onze cents ans après l'établissement de l'abbaye du Vieux-Moutier, qui, par suite de sa translation sur les rives de la Meuse, devait donner naissance à la ville de Saint-Mihiel, la fabrique de Saint-Michel prit la résolution de recueillir, dans cette église, les ossements des fondateurs du monastère primitif, lesquels y avaient reçu la sépulture. Il serait hors de notre sujet de parler de la découverte des corps du comte Wulfoade et de la comtesse Adalsinde, qui avait été faite en 1734 ; on trouvera dans la *Notice* de Dom Calmet de très curieux détails, accompagnés de planches ; nous devons nous borner à reproduire le procès-verbal du transport de ces vénérables restes, tel que le donne M. Dumont.

« En 1809, dit-il, la fabrique eut l'inspiration d'une cérémonie qui lui fait honneur, surtout pour le temps ; elle est expliquée dans le procès-verbal qui suit :

» Sous l'Empire de Napoléon Ier, empereur des Français et le Pontificat de S. S. Pie VII.

» D'après l'autorisation de Monseigneur Antoine-Eustache d'Osmond, baron d'empire, évêque de Nancy, M. Jean-Baptiste Marquis, prêtre, curé en titre de Saint-Mihiel, M. Christophe-Thomas Connard, maire, et MM. Gabriel-François Rouvrois, Pierre-Adam Le Blanc, Nicolas Guérin, Jean-Baptiste Paquy, membres de la fabrique de la paroisse Saint-Michel.

» Désirant ne point laisser à l'abandon, au milieu des ruines du Vieux-Moutier, les cendres du comte Wulfoade et de la comtesse Adalsinde, son épouse, fondateurs de l'ancienne et illustre Abbaye de Saint-Mihiel en 709, laquelle, ayant été transférée vers l'an 815 sur la rive droite de la Meuse, a été l'origine de la ville de Saint-Mihiel ; il aurait été procédé à la fouille de leurs tombeaux placés dans la chapelle de la Vierge et où les monuments de l'Abbaye indiquent qu'ils reposaient conjointement avec un de leurs enfants.

» En conséquence, le 13 octobre 1808, leurs ossements ont été retirés du tombeau qui les renfermait et mis dans un coffre de bois.

» Le lendemain 14 en présence de MM :

» Pierre-Joseph Steinhoff, ancien chanoine de la collégiale de Saint-Léopold de Saint-Mihiel,

» Georges Lachambre, ex-bénédictin, curé de Paroches,

» Vincent-Dieudonné Lombard, curé de Woinville,

» Jean-Mathias Steinhoff, chanoine de Samogitie,

» Léonard Gros, ancien frère convers de l'Abbaye de Saint-Mihiel,

» Nicolas-Antoine-René de Rouyn, ancien officier de cavalerie,

» Jean-Sébastien Bonnaire, marchand à Saint-Mihiel. »

» Après un service solennel célébré sur les lieux par M. Gaspard Marchal, ancien religieux bénédictin, vicaire de la paroisse Saint-Michel, lesdits ossements ont été transférés de suite en l'église autrefois Abbatiale, aujourd'hui paroissiale de Saint-Michel, où ils ont été mis en dépôt jusqu'à ce jour 28 février 1809.

» Et après un second service solennel, ils ont été déposés dans un des tombeaux de pierre où ils reposaient à Vieux-Moutier, lequel a été enterré sous le pavé de l'église *entre les deux gros piliers carrés de la nef* (1), en présence de MM. Jean-Baptiste Marquis, curé en titre de Saint-Mihiel, François-Guyot, curé desservant de la paroisse de la même ville ;

» Charles-François de la Tour,

» Pierre-Joseph Steinhoff,

anciens chanoines de la collégiale St.-Léopold de St.-Mihiel,

» André Stein, Georges Lachambre et Gaspard Marchal, anciens bénédictins,

» Jean Mathias Steinhoff, chanoine de Samogitie,

» Joseph-Léopold Miscault, adjoint au maire de Saint-Mihiel,

» Antoine-René de Rouyn, ancien officier de cavalerie,

» Nicolas Guérin, ancien magistrat,

membres composant le Conseil de fabrique de St.-Michel ;

» Jean-Séb. Bonnaire, marchand, et Pierre Marin, secrétaire de la municipalité,

» Qui ont souscrit le présent procès-verbal duquel il a été fait copie en parchemin souscrite par MM. les dénommés ci-dessus et d'autre part, laquelle a été déposée dans le tombeau précité.

» Fait à Saint-Mihiel le 28 février 1809.

(Suivent les signatures.)

» Rien de plus louable, ajoute M. Dumont, que la bonne volonté de MM. les fabriciens, mais il est à regretter qu'ils n'aient pas donné le détail des ossements des fondateurs, car nous verrons que des témoins contemporains des premières

_____

(1) Sans doute ceux qui précèdent le transept.

fouilles, 50 ans auparavant, ont rapporté que le tout était tombé en poussière (1). »

Les scrupules de M. Dumont nous paraissent avoir été exagérés par son scepticisme naturel, car le seul témoin qu'il invoque est Dom Calmet (2). Or, l'auteur de la *Notice* n'affirme pas que tous les ossements furent réduits au point qu'indique l'historien de Saint-Mihiel. Dom Calmet devait regretter la précipitation peu respectueuse des ouvriers et leur manque de précaution ; aussi ne faut-il pas s'étonner de lui voir dire, à propos du corps de Wulfoade : « Aussitôt qu'ils (les ouvriers) le touchèrent et qu'il eût pris l'air, il tomba en poussière, à la réserve de quelques os et d'une partie de la mâchoire, garnie de quatre dents. » L'abbé de Senones ne parle pas du squelette d'Adalsinde, ce qui permet de supposer qu'on le découvrit avec plus de soin et qu'il resta plus intact (3).

V. TOMBES DIVERSES

Dans la louable intention de rendre plus facile la reconstitution du plan de l'ancienne église, par l'identification des fragments de monuments que pourront mettre au jour des travaux exécutés dans l'intérieur de l'édifice, M. Dumont a tenté de dresser la liste des personnes qui y furent enterrées, en rappelant, d'après les documents, le lieu de leur sépulture. « Pour aider les rectifications futures », dit-il au début de cette nomenclature, « nous prenons le soin d'indiquer tous ceux qui sont signalés dans les diverses archives comme ayant été inhumés dans les chapelles et autres endroits de l'église ; la découverte de quelque épitaphe souterraine fera peut-être un jour connaître les véritables emplacements aujourd'hui incertains (4). »

(1) Dumont, IV, 40-42.
(2) *Ibid.*, IV, 231.
(3) Dom de l'Isle, p. 417, dit du corps de Wulfoade : « Dès qu'il fut exposé à l'air il tomba incontinent en poussière. » Il ne dit rien de semblable pour celui d'Adalsinde.
(4) Dumont, *Hist. de Saint-Mihiel*, IV, 16, note.

Mû par la même pensée qui a dirigé M. Dumont, et par le désir de rendre notre travail aussi complet qu'il est en notre pouvoir de le faire, nous reproduirons ici cette liste, à l'exception des citations rapportées dans les chapitres précédents. Bien des noms, qui paraissent insignifiants, acquerront sans doute plus de valeur à la suite de recherches nouvelles, et, loin de craindre d'allonger encore cette dernière partie, nous essaierons de lui donner plus d'importance en faisant connaître quelques-uns des renseignements que nous avons recueillis sur certains des personnages indiqués. Nous suivrons l'historien de Saint-Mihiel de chapelle en chapelle, en en mentionnant soigneusement les fondateurs, qui généralement ont dû y être enterrés. Les positions de plusieurs de ces anciennes chapelles ne sont pas exactement connues; nous nous abstiendrons cependant de les rechercher, laissant ce soin à M. l'abbé Humbert, curé de Haironville et ancien vicaire de Saint-Michel, qui prépare sur cette église un important travail.

« 1º La Chapelle des Abbés, destinée dès sa création à recevoir la sépulture de ces dignitaires. Elle était sous la croisée du transept, du côté du collège (1), faisant le fond de la croix (2). »

D'autres personnages furent inhumés vers le même endroit. « Madame Alix de Ransières, veuve de Jean de Bouvigny, qui, en 1396, donna au couvent les bois de la Pitancerie, reçut sa sépulture dans cette chapelle, près des Abbés, ainsi que son fils Walcaire, en considération de cette grande libéralité (3). » Ces conjoints sont probablement les ancêtres de *Jean de Bouvigny*, époux de Marie de Manteville, qui vivait en 1466, et dont la fille *Alix* porta par son mariage la seigneurie de Ranzières dans la famille « Fesseler », ou « Fascelet », dite aussi « de Wisse (4) ».

(1) Côté de l'épître.
(2) *Hist. de Saint-Mihiel*, IV, 12.
(3) *Ibid.*, t. IV, p. 13. — Cf. t. I, p. 109, où M. Dumont dit, de la donation faite par Alix de Ranzières, que « c'était la dot de Jacques de Bouvigny, son fils, alors Prieur, que l'on prétendait qu'elle voulait faire Abbé ».
(4) V. Husson-l'Escossois, *Simple crayon*, art. *Ranzières* et *Bouvigny*, et notre notice *Recherches sur la famille Fesseler...*, Nancy, 1886.

Les personnes suivantes, dit M. Dumont, reçurent aussi la sépulture au même lieu, « mais sur les degrés, à l'entrée seulement de la chapelle :

» Messire Guillaume Bertrand, de Courcelles-en-Saintois, curé de Gimelcourt, qui, en 1470, donna trois jours de terre à Villotte, deux marcs d'argent pour un calice et 6 gros de cens.

» Jehan le Warrau, tanneur, et Didette, sa femme, qui donna 50 fr.

» Le Rousselot, qui donna 30 gros (1).

» Nicole Dagonville (2), aumônier, qui donna 2 fr.

» Bernard Vaulchier, châtelain de Kœur, en 1479, qui donna 18 gros de cens et 100 fr. »

Près de cette chapelle, vers l'entrée de la sacristie actuelle, se trouvait, avant le xviiie siècle, le *Sacraire*, dont nous avons précédemment parlé (3).

« 2° La CHAPELLE DE NOTRE-DAME DES GROTTES », sous le chœur, avait été fondée, le 24 novembre 1399, par *Colez* ou *Colet Roland*, et *Jeanne*, sa femme (4). « Elle était regardée comme un lieu privilégié ; car plusieurs personnages de distinction y élirent leur sépulture, notamment les Abbés Albert et Merlin, l'Abbé Henri de Lorraine, le R. P. de Menna, gardien des Capucins, Charles d'Urres de Theissières, seigneur de Commercy, son pénitent, et la Dame son épouse... » — « Lors du remaniement de l'église par l'Abbé Maillet, la Chapelle des Grottes fut fermée, comblée et transférée en la Chapelle des Abbés, après toutefois en avoir enlevé les corps des illustres inhumés susrappelés... »

M. Dumont cite « Colet Roland » au nombre des bourgeois

(1) Au nombre des dons faits à l'abbaye, M. Dumont (*Hist. de Saint-Mihiel*, I, 374) cite :
« *Jennot le Rousselot*. — 30 gros de cens. »
(2) Présumé de la famille Magulot, originaire de Dagonville, et parent de la mère de Ligier Richier. — V. notre travail sur *La famille de Ligier Richier*, dans les *Mém. de la Soc. des lettres de Bar-le-Duc*, 1885.
(3) Chap. iii, § 8.
(4) Cf. *Catal. des arch. de Saint-Mihiel*, nos 250 et 287.

et habitants les plus notables de Saint-Mihiel, en 1391 (1).

Vers 1397, « Colet Roland, de Saint-Mihiel, est condamné à 60 livres [d'amende], pour avoir traité Jacquemin de Ville de sanglant ennemi... (2). »

Le 24 août 1412, l'abbaye acense une maison à *Colet Rolant* (3).

Ce fondateur descendait peut-être de Jean Roland (*alias Jehan Rolland*) qui était bailli de Saint-Mihiel en 1357 (4), 1361 et 1362 (5). Il convient sans doute aussi de rattacher à sa famille les personnages mentionnés comme suit par M. Dumont, dans sa liste des bienfaiteurs de l'abbaye :

« *Colet Roland, le jeune.* — 12 gros (6). »

« *Jehan Rolant, fils de Didier Rolant.* — 12 gros (7). »

« *Mengette, femme Jehan Roland,* 10 sous tournois.

» Gît devant Saint-Jehan, aux degrés des grottes (8). »

On verra que cet autel se trouvait près de l'entrée du chœur, du côté de l'évangile, devant le jubé, où précisément devaient commencer les degrés conduisant, de ce côté, à la chapelle de Notre-Dame des Grottes. Il faisait pendant à l'autel de la

---

(1) *Hist. de Saint-Mihiel,* I, 105.

(2) *Ibid.,* I, 108.

(3) *Catal. des arch. de l'abb. de Saint-Mihiel,* n° 256.

(4) Dumont, *Ruines,* I, 358.

(5) *Hist. de Saint-Mihiel,* III, 133. — Lepage, *Offices,* d'après V. Servais, *Annales du Barrois,* I, 410 et 411.

(6) *Ibid.,* t. I, p. 380.

(7) *Ibid.,* p. 377. — Dans sa liste des bienfaiteurs de l'église paroissiale, M. Dumont mentionne : « 1465. *Didier Roland, noble homme.* — 1 fauchée et demie de pré à 32 fr. de rente. » (*Ibid.,* III, 306.) — Un acte de 1449 mentionne aussi : « Dudier (*sic*) Roland, bourgeois et grand échevin de Saint-Mihiel. » (V. Jean MÉNIANT.) Nous ne retrouvons pas ce nom dans le *Nobil. de Saint-Mihiel,* ni ce prénom dans le *Nobiliaire* de Dom Pelletier, qui signale les anoblissements d'un *Jacques Rolland,* en 1559, d'un *Guillaume Rolland,* en 1567, enfin d'un *André Rolland,* en 1600. Didier se rattacherait-il aux Rolland d'Ancelrue, de Verdun ? Vers le milieu de la seconde moitié du XIV° siècle, on voit « Collard, dit le Moyne, de Grand-Failly » épouser « dame Poince Rolland d'Ancelrue, fille de Jehan Rolland, dit d'Ancelrue, et de dame Juliane des Sainctignons, dame d'Ancelrue, des citains et citaines de Verdun. » (Gén. ms. de la maison de Custine. — Lionnois a a publié une généalogie de la maison de Saintignons.) V. R. de Souhesmes, *Notice sur Souhesmes,* 1882, p. 21, 24, 25. M. Dumont (III, 115), dans sa liste des prévôts, cite : « 1349. *Jehan dit Roland.* »

(8) *Ibid.,* p. 369.

Sainte-Croix (1), et avait probablement pour titulaire saint Jean, évangéliste, puisqu'il existait ailleurs une chapelle dédiée à saint Jean-Baptiste.

« 3º La CHAPELLE DE L'AUMÔNERIE OU DE L'AUMÔNE, fondée par l'abbé Willaume, en 1380, dédiée à l'Annonciation... — Le lieu de son emplacement est inconnu. »

« 4º La CHAPELLE SAINT-JEAN-BAPTISTE, fondée en 1334 par Bertrand Bochet, drapier, et Cifion, sa femme, qui y furent inhumés (2). »

(1) *Hist. de Saint-Mihiel*, t. IV, p. 11.

(2) Au lieu de *Cifion*, qui n'est pas un nom, il faut lire *Yderon*. En effet, dans la liste des bienfaiteurs de l'abbaye, M. Dumont (I, 374) mentionne :

« *Bertrand Bochot* (sic). — 9 gr. 10 deniers fors de cens, pour anniversaire.

» Le 1/4 d'une maison de 12 gr. de cens,

» Pour prier pour ses deux femmes Yderon et Margueron Gauthier. » Margueron avait épousé, en premières noces, Jacque le Beaul; v. plus loin : « *Margueron Gauthier et ses deux maris, Jacque le Beaul et Bertrand Bochet.* » — V. aussi un peu plus loin : *Bochet de la Halle* et *Henriet Bochet de la Halle.*

Bertrand Bochet, qui devait être l'un des plus riches habitants de la ville, figure dans plusieurs chartes analysées dans le *Catalogue des archives de l'abbaye de Saint-Mihiel.* Nous croyons l'opuscule assez rare, et les mentions assez curieuses, pour qu'elles méritent de se voir reproduire ici :

— 186. Bertrans dit Fillerons de Saint-Mihiel et Marguerite sa femme vendent à Bertrant dit Bochet le drappier et à ses héritiers une rente annuelle de cens sols sur leur maison, leur grange, leur jardins et autres biens. 1326, le venredi après la feste de lapparition. (Fr.)

» Tous les cens et rentes achetés par Bochet le drapier dont on fait mention dans ce catalogue, ont été transférés par lui à la chapelle Saint-Jean. »

— « 189. Colins dit Moiars et Colette sa femme vendent à Bertrand Bochet le drappier de Saint-Mihiel et à ses héritiers quinze sols de petits tournois de cens annuel sur une grange et sur le meix joignant à la dite grange. 1328, le jueudi deuant les bures. (Fr.)

— » 192. Bertrant Bochet, drapier, achète une rente de sept sols de petits tournois sur la moitié d'une maison dans la rue « sus *Mueuse* ». 1331, ou moix dauril. (Fr.)

» On a ajouté une autre charte originale de 1331, dans laquelle le dit Bertrant achète une autre rente de quinze sols. L'une et l'autre sont assez intéressantes pour l'histoire de la ville de Saint-Mihiel. »

— « 195. Ancheres dit Bouques, bourgeois de Saint-Mihiel, vend à Bertrant Bochet le drappier une rente annuelle de quarante sols de petits tornoix sur une maison en la halle de Saint-Mihiel. 1332, mei auoust. (Fr.)

» La maison en question faisait le coin de la place de la halle entre la rue Notre-Dame et la petite rue. »

— « 198 *bis*. Lettre de *fondation* d'une *chappellenie* que Bertrand dit Bochet a fondée en corps de l'abbaye de Saint-Mihiel en lonour de

» L'abbé Vauthier, mort en 1279, était inhumé derrière, suivant l'indication d'une épitaphe ancienne qui a disparu.

» On y mit aussi : Girardot le Defflat et Jehanne la Mairetée, sa femme, qui donnèrent 15 fr. à placer.

» Jean Loressot et ses deux femmes, Dame Lignotte et Jehanne Berthe, qui donna 20 fr.

» Catherine des Piliers, de Mirecourt, femme de Jean Lyet, pelletier, qui donna 20 fr. (1).

» Jacquemette la Bobillette, qui donna 50 fr.

» Bochet de la Halle, qui donna 16 gros.

» Richier de Levoncourt, — 12 gros (2).

» Henriet Bochet, de la Halle, sa femme et leurs hoirs, — 30 sous (3).

Saint Jean baptiste. 1334, le jueudi deuant la feste S. Luc, ewangéliste.

» Charte fort importante où sont spécifiés tous les émolumens et rentes de cette fondation. »

— « 204. Colignons demorans à Saint-Mihiel filz Richardon la quennaude de Gueniuille vend à perpétuité à Bertrand dit Bochet un cens annuel de quarante sols de petits tournois sur une maison de la rue de la halle. 1341, le mardi seix jours en moix de Nouembre. (Fr.)

» On y a ajouté une seconde charte de la même année, constatant la rente d'une maison à Saint-Thiebault. »

— « 205. Simonins diz li heraulz de vaulz demorens à Saint-Mihiel reconnaît devoir à Bertrant dis Bochet un cens annuel de vingt sols sur une maison en la halle. 1342, vint et dous jours en moix de Junet. (Fr.) »

— « 212. Jehans dis Colins de Saint-Mihiel li frappier déclare tenir à cens annuel pour lui et pour ses hoirs de Bertrand Bochet drapier un estaul seent à Saint-Mihiel en la halle en la rue des drappiers, pour douze deniers tourn. 1347, 23 jours en moix de Mars. (Fr.)

« On a ajouté une autre charte, concernant une rente semblable de trois sols sur un estaul en la halle en la rue des merciers, à payer annuellement au même Bochet, et une troisième sur une rente de deux sols. »

— « 213. Bertrant Bochet rend à *Richier* de Laheicourt, à tenir à perpétuité « en héritage à lui et à ses hoirs » une rente annuelle de vingt et cinq livres, sur plusieurs maisons à Saint-Mihiel, pour 400 *florins alescut* (à l'écu) *de bon or* et de bon poix. 1348, seix jours en moix de Junet. (Fr.)

« On y joint une autre charte de la même année qui a rapport à celle-ci. L'une et l'autre sont fort intéressantes pour l'histoire de la ville de Saint-Mihiel. »

(1) Une famille DES PILLIERS, précisément originaire de Mirecourt, a tenu un rang très distingué dans la noblesse lorraine depuis le xv° siècle. (V. Dom Pelletier). Catherine appartenait peut-être à l'une de ses branches, restée ou tombée dans la roture.

(2) « Richier de Leuoncourt » figure dans une charte du 1er octobre 1362. Voyez Blampois.

(3) Dans sa liste des bienfaiteurs de l'abbaye (t. I, p. 379, 381 et 371) M. Dumont cite :

» Il est assez probable que cette chapelle était du côté du couvent, car pour Dame la Bobillette, il est dit : gît devant saint Jehan, *au pied du dortoir*, et l'on sait que celui-ci était dans la partie la plus voisine de l'église. »

« 5° La CHAPELLE DES APÔTRES, fondée en 1369 par Huon de la Croix, prévôt, et sa femme Marie de Signeulles, *en l'honneur de Dieu, de la Vierge et de saint Jehan-Baptiste*... Plus tard on admit M. de Fresneau, sieur de Pierrefort,... à y faire une autre fondation qui détrôna la première, ce qui fit qu'elle prit son nom... »

D'après le *Catalogue des archives de Saint-Mihiel*, il n'y aurait pas identité entre la *chapellenie* de saint Jean-Baptiste, fondée par Huon de la Croix, et la chapelle *dite aux Apôtres* qui aurait existé antérieurement; la femme du fondateur se serait appelée Marguerite, et non Marie. On remarque en effet, dans le Catalogue en question, l'analyse suivante :

« 230. Seconde fondation d'une chapellenie en lonnour de deu, de la vierge marie sa meire, et de monsignour Jehan baptiste, subz la chapelle con dict aulz apostres, seant en dit monestere de S. Mihiel, par Huon de la Creux et sa femme Marguerite. 1369, le 28 jour en moix de Mars. (Fr.)

»... Grande et belle charte où sont spécifiés les revenus de cette fondation... »

Cette fondation est assez surprenante puisque déjà Bertrand Bochet avait dédié une autre chapelle à saint Jean-Baptiste.

Huon se nommait indifféremment, paraît-il, *de Lacroix, de la Creux* et *de Creux.*

Au nombre des prévôts de Saint-Mihiel, M. Dumont (III, 115), nomme, en 1354, « Huons de Lacroix » ; il le fait remplacer en

« *Jacquemette, femme Henriot Bochet.* »
« *Jehan, fils Henriet Bochet, et Ysabillon, femme de Wirion la Fèvre.* — 7 sous fors. » Henriet Bochet vivait en 1361 : Le prévôt de Saint-Mihiel fait savoir que « Jannins li malinoulz de Saint-Mihiel, fils Jehan lou grix, qui fuit, a vendu à Henriet Bochet une rente annuelle de six sols sur une maison en la rue de Saint-Thiebault, sauf le droit du duc de Bar. 1361, les jours en moix de Januier. (Fr.) » (*Catal. des arch. de Saint-Mihiel*, n° 223.)
« *Berthemin Bochet.* — 8 sous 1/2. »

1356 par Thiébaut Thomassin; cependant on retrouve son nom postérieurement.

Le 1er octobre 1362, « Huon de Lacroix, preuost de Saint-Mihiel, » atteste une donation faite par Humbelet de Gondre-court à Jehan Blampois (v., plus loin, ce nom).

Au mois d'août 1368, « Coles Daberous, Ysabelz, sa feme, et Jehans, fllz à la dicte Ysabelz, rendent à Huon de Creux, preuost de Saint-Mihiel, et à ﹐Marguerite, sa feme, vingt sols de petits tournois pour une rente annuelle de quinze deniers sur une maison et appendices en la rue deuant labbaye (1) ».

« 6º La CHAPELLE SAINTE-MARGUERITE, fondée, en 1403, par Richier Auberon, et Jacomette, sa femme, « de lès la Chapelle-» aux-Apôtres »; ainsi, elle en était voisine.

» On y voit enterrés :

» Alexandre le boucher, sa femme et plusieurs de leurs ancêtres.

» Marguerite Ysoret (2).

» Messire Jennot, de la Halle, qui donna 6 sous forts.

» Aubert, son fils; Gilette, Jacquemette et Collette, *ses femmes*; Marie, Jennotte et Marie, sa fille; Baudet et Jacque-mette, leurs enfants, pour lesquels il fut donné 4 fr. 1/2 de cens et 5 quartes de terre.

» Aubriet, de la Halle, frère d'Aubert, et Mariette, sa femme, qui ont donné 40 sous forts.

» Richier Auberon, Colaine et Jacquemette, ses deux fem-mes (3).

» Pierresson, de Jaulney, qui donna 40 sous.

(1) *Catal. des arch. de Saint-Mihiel*, nº 229. — Parmi les bienfaiteurs de l'abbaye, M. Dumont nomme (t. I, p. 382) : « *Warin de Lacroix* »; puis « *Messire Jean Chaumont, Prieur de Bar, et messire Girart de la Croix. — 32 gros.* » Dans sa liste des prévôts, il cite (t. III, p. 115), en 1290, « *Colin de la Croix* ». Au nombre des habitants les plus notables de la ville en 1391, il nomme (t. I, p. 105) : « *Thierion de la Croix* », et « *J. de la Croix* ».
(2) Cf. Dumont, *Hist. de Saint-Mihiel*, t. I, p. 382.
(3) M. Dumont (*Hist. de Saint-Mihiel*, I, 105) nomme « Richier Auberon » au nombre des bourgeois et habitants les plus notables de Saint-Mihiel, en 1391. Vers 1407, il prête de l'argent au duc Robert. (*Ibid.*, I, 108 ; v. plus loin *Noiregoulle*.)
Le *Catal. des arch. de Saint-Mihiel*, nº 255, mentionne :
« Fondation et dotation d'un chapellenie en l'abbaye de Saint-Mihiel

» Maître Jean la Camuse, messire Pierre, prêtre, et Jeannette, leur sœur, qui ont donné 30 sous forts. »

« 7° La CHAPELLE NOTRE-DAME,... placée sous la tour du
Nord, au même endroit que celle actuelle (extrémité du bas-
côté de l'évangile). C'est celle qui attirait le plus de fondations,
et, par suite, au pied de laquelle on voit le plus grand nombre
de fidèles élire leur sépulture. On a peine à comprendre comment un si petit espace pouvait contenir autant de débris.
Comme il est dit, pour plusieurs, qu'ils sont enterrés devant
Notre-Dame, il est à présumer que l'allée qui lui fait face... était
censée comprise dans cette enceinte. Voici les noms conservés
depuis une époque relativement peu ancienne, qui donne à
penser qu'il y eut encore auparavant beaucoup plus.

» Jean Fraine, de Troyon, neveu de Bertrand Bochet, le
fondateur de la chapelle Saint-Jean, et Jeannette, sa seconde
femme, qui donnèrent 6 gros de cens et 9 fr.

» Catherine, femme de Jean Parisot, de la Halle, drapier,
et ses quatre enfants, dont Didette, femme de Didier Waulte-
rin, et Mengin, de Morvau, qui ont donné 5 fr. de rente (1).

» Colin Panon et ses filles. »

» Robert Larget (2) et Thomassette, sa femme, avec leurs
père, mère et enfants, pourquoi ils ont donné 10 sous forts.

» Guillaume de Tronville, écuyer, 6 gros de rente (3).

» Jacquemin Pinchet, 10 sous forts de rente.

à l'autel Sainte-Marguerite, par Richier Aubron et Jacomette sa femme.
1411, le premier jour du mois de Décembre. (Fr.)
   » C'est une copie des clauses contenues dans le testament de Richier
Aubron, faite et authentiquée par le notaire Huonns Bertrandi. »
   (1) V. plus loin : Colin de Moncel, *fils de Parisot de la Halle.*
   (2) Ce nom est bien singulier. Ne serait-ce pas *Largét* (Largent), nom
connu dans le Barrois. Cependant, parmi les bourgeois et habitants
les plus notables de Saint-Mihiel, en 1391, M. Dumont (I, 105), nomme
« Dambron Larget. »
   (3) Parmi les bienfaiteurs de l'abbaye, M. Dumont (I, 379) nomme :
« *Messire Jacques de Tronville, jadis Prieur de Saint-Thiébaut, du
faubourg.* — 20 francs. »
   Henri de Tronville fut abbé de Saint-Mihiel de 1347 à 1355 environ.
(*Ibid.*, I, 96.)
   Vers la même époque, *Hue de Tronville* était abbé de Jeandeures.
(Note de M. J. Cayon.)
   En septembre 1352, Henris de Tronville, aumônier de l'abbaye de
Saint-Mihiel, fait un échange. (*Catal. des arch. de Saint-Mihiel.* n° 218.)

» Jehan le borgne, 5 sous.

» Noble homme frère Pierre du Perron, qui fut ermite de l'aumône, 5 sous.

» Plusieurs hommes appelés *les Savoyens* (1), nobles et autres, à savoir :

» Hubert, d'Escalles, en Savoie, 10 fr.

» Hubert Luzet, de Bourges, 10 fr.

» Claude de Loray, 12 fr.

» Noble homme Mathieu de Metz, père de Wary de Metz, écuyer de M. l'Abbé (2).

» Jehan Magulot de Dagonville, et sa femme, avec Jehan, leur fils, 17 fr. (3).

» François le Rabouilleux, et Jehanne, femme du petit Pariset de la Halle, 10 sous forts (4).

» Colin Gervaise, de Troyon, 10 sous de cens (5).

» Jean Holier et sa femme, 33 fr. et 5 sous de cens.

» Chibus et sa femme, 2 sous de cens.

(1) Parmi les bienfaiteurs de l'abbaye, M. Dumont (I, 373) nomme : « *Messire Jehan le Savoyen, curé de Marchainville.* — 25 francs. » Lequel à son retour du pèlerinage de Jérusalem et de Saint-Jacques, a ajouté 6 gros de cens.
» *Nicolas le Savoyen, son frère.* — 13 florins du Rhin.
» Gît au cimetière. — 1502. »

(2) *Mathieu de Metz*, attaché au service d'Isabelle, duchesse de Lorraine, et ensuite de son fils Jean, duc de Lorraine et de Calabre, fut anobli par le roi René le 25 août 1462. Dom Pelletier et M. Dumont n'ont pas connu les originaux des lettres patentes, mentionnées dans celles de Jean Piart, un de ses descendants en ligne féminine ; conservées par la famille, elles ont été récemment communiquées à M. H. Lepage, archiviste de Meurthe-et-Moselle, qui en a pris une copie pour le dépôt confié à ses soins. La couleur primitive du champ des armoiries, *de sable au monde d'or*, fut dans la suite changée en *azur*. Mathieu, dont on ne connaît pas l'alliance, mourut en 1505, et fut, dit M. Dumont (*Nobil.*, I, 186), enterré dans l'église paroissiale, devant l'image de Notre-Dame.
Son fils, *Wary*, dont on ne connaît pas non plus l'alliance, était, dès 1503, en possession de la charge d'écuyer de l'abbé de Saint-Mihiel, que lui avait cédée Charles Vignolle, moyennant 400 francs barrois et douze gros.

(3) Présumé parent maternel de Ligier Richier. V. notre notice sur la famille du célèbre sculpteur.

(4) Cf., plus haut, *Jean Parisot de la Halle.* On connaît l'extrême ressemblance des caractères *e* et *o* en minuscule gothique ; on peut supposer qu'il s'agit de la même famille.

(5) Plusieurs familles de ce nom furent anoblies. — *Voy.* Dom Pelletier et le *Nobil. de Saint-Mihiel.*

» Pierresson le Bel, boulanger, et Mariette, sa femme, qui ont donné moitié de leur maison (1).

» Perrin la Joute et Jean de Saint-Hilaire, avec Ruccelette, *leur* femme, 5 sous (2).

» Messire Jean de l'Aumône, qui, en 1483, donna 100 fr. (3).

» Isabelle d'Autreville, femme de messire Colin de Moncel, écuyer, qui donna tous ses prés de Lacroix, lui provenant de Parisot de la Halle, son père, indivis avec Wary de Metz, son neveu (4).

» Colet le Beau, et Jeannette, sa femme, 17 gros et 1/2 de cens (5).

» Colot Gelme et Melignon, sa femme, 10 fr.

» Didier Varlet, 6 gros de cens.

» N. Morvault, qui donna 6 gros, bien assis.

» Chevegnon, de Kœur, célérier, enterré *sur* sa mère, 100 fr.

» Godefroi Wiart, de Mousson, et Jehanne, sa femme, 7 sous.

» Pierre le Cusenier et Aubert de la Halle, 7 sous.

» Mariette, femme Collignon Phelize, 5 septiers.

(1) Dans sa liste des fondations à l'église paroissiale, M. Dumont (III, 306) nomme :
« 1528. *Jean Le Bel.* — Un service. — 12 gros. » V., plus loin, Colet le Beau et Jacquet le Beaul.

(2) Parmi les bienfaiteurs de l'abbaye, M. Dumont (I, 375, 382) nomme « *Jacquemette, femme Perrin la Joutte* », qui, avec *Poincette Ferrant* et *Jehanne Willaume*, donna 8 francs ; puis « *Colet la Joutte* », qui fit don de 12 deniers.

(3) Parmi les bienfaiteurs de l'abbaye (I, 380), M. Dumont nomme : « *Jehan de l'aumône, pelletier.* — 14 sous fors. » Mais il serait surprenant que la qualification de *messire* ait été donnée à cet artisan. — Au nombre des habitants les plus notables de Saint-Mihiel, en 1391, M. Dumont nomme aussi (I, 105) « Colin de l'Aumosne ».

(4) Le *qui* amphibologique de cette phrase peut se rapporter à Isabelle d'Autreville et à Colin de Moncel ; le second sens est plus probable. De la sorte, on doit croire que Colin de Moncel était fils de Parisot de la Halle, et, vraisemblablement, d'une femme appartenant à la maison de Moncel, dont il aura repris le nom. C'est ainsi qu'en 1522, *Jean, Jacquemin, Isabelle,* enfants de *Colin Perignel* et de Jeanne, fille de Henri de Moncel, écuyer, furent autorisés à reprendre la noblesse et les armes de leur mère ; ils reprirent aussi son nom. On remarquera la concordance des prénoms *Colin* et *Isabelle*. — La maison de Moncel (-lès-Marcheville) portait *de gueules à cinq annelets d'argent,* posés en sautoir, mêmes armes que l'ancienne maison de Vigneulles du Sart, à laquelle elle se rattachait probablement. — Nous ne savons pas exactement de quel Wary de Metz il est ici question.

(5) V., plus loin, *Jacques le Beaul,* époux de *Margueron Gauthier,* qui fut aussi femme de Bertrand Bochet.

» Messire Jehan de Vigneulles, leur fils, jadis chapelain de l'Aumône, et longtemps serviteur de M. l'Abbé.

» Jehan le barbier et Mangette, sa femme, qui ont donné 2 fauchées de pré valant 10 gros par an (1).

» Margueron Gauthier et ses deux maris, Jacquet le Beaul, et Bertrand Bochet, 18 gros.

» Colot Chastron, de Kœur, et Colette sa femme, 20 fr.

» Jacquemin de Ville et Méline, sa femme, 20 gros (2). »

» On trouve une fois la mention de la *Chapelle Notre-Dame-du-Jubé*, qui était peut-être la même... Elle fut choisie pour lieu de sépulture par Dom Jehan Fourateau, grand Prieur de l'Abbaye et Prieur de Haréville... »

« 8° La CHAPELLE SAINTE-MARIE-MADELEINE,

» Devenue, avant 1399 (3), CHAPELLE SAINT-NICOLAS,

» Puis , à cette époque , CHAPELLE-SAINT-NICOLAS-DES-MÉNIANTS, par la fondation de Jean Méniant, de Saint-Thiébaut-sous-Bourmont, qui lui donna de grands biens en l'honneur de Saint-Nicolas...

» A cette chapelle en fut ajoutée une seconde, dite *Chapelle Noire-Goule*, fondée par dame Jeannette Méniant, fille du précédent, femme de François Noire-Goule, grand échevin. Jacques Méniant, procureur-général de Lorraine, lieutenant-général du bailliage de Saint-Mihiel, petit-fils de Jean, le premier fondateur, y ajouta, en 1479, trente-deux fauchées de prés... « à charge, par le religieux qui chantera tous les jours » la messe de Notre-Dame, de se rendre avec un novice por- » tant la croix et l'eau bénite en ladite chapelle, où il désire » être inhumé avec sa femme et chère compagne, Claude de » Charmes, récemment décédée ; que, là, il dira le *miserere*,

---

(1) Au nombre des habitants les plus notables de Saint-Mihiel, en 1391, M. Dumont (I, 105) nomme, par deux fois, « Coles le Barbier ». Mais il se pourrait que, dans ces différents exemples, *barbier* ne fut que l'indication de la profession.

(2) M. Dumont (I, 105) cite « Jacquemin de Ville » au nombre des habitants les plus notables de Saint-Mihiel, en 1391. Vers 1397, Colet Roland fut condamné à une amende pour l'avoir insulté (*Ibid.*, I, 108 ; v. *Roland*). Ce nom *de Ville* a été porté par un grand nombre de familles, dans la roture comme dans la plus haute noblesse.

(3) D'après Dom de l'Isle, il semble que le titre de *Saint-Nicolas* ne serait pas antérieur à la fondation de Jean Méniant, c'est-à-dire à 1399.

» le *de profundis* et les collectes, et, qu'en outre, le couvent
» y chantera et célèbrera, chaque année, 5 hauts services. »

» Cette double chapelle, qui était placée à l'extrémité gauche (1) de la croix faisant face à celle des Abbés, se trouvait,
par les biens y attachés, une des plus importantes ; aussi lui
avait-on donné, en quelque. sorte, la seconde place d'honneur... »

Il est difficile de se contenter des renseignements, beaucoup
trop vagues, donnés sur les personnages qui prirent part à la
fondation de cette double chapelle. Efforçons-nous donc de
les compléter dans la mesure de nos connaissances.

Jacques Mélian ou *Méniant* (2) était, en 1449, étudiant
à Paris (3) ; dès 1462, suivant M. Dumont, il possédait les
charges de lieutenant général du bailliage de Saint-Mihiel et
de procureur général de Lorraine (4). Il fut nommé conseiller
ad honores par lettres patentes du 6 février 1474, et maître
des requêtes par d'autres lettres de février 1477 (5). « En
1477, le Duc considérant « ses grandes vertu, science, pru-
» dence, éloquence et bonne diligence, ses grands, somptueux
» et laborieux services », ajouta 400 livres à ses appointements
de Procureur général... En 1482 il participa au jugement sur
le fait de gage de bataille de Bidotz et Roquelaure, et en 1485
il prit part à la dissolution du mariage de René II (6). » André
de Saint-Hillier lui succéda comme lieutenant général en 1489,
et Thierry Morcel comme procureur général, en 1492.

Jacques était vraisemblablement très proche parent de
Thirion Mélian qui avait lui-même occupé le poste de procureur général de Lorraine en 1382 ; ce dernier obtint, à cette
époque, des lettres d'anoblissement et fut déclaré gentil-

(1) *Droite* liturgique, ou côté de l'évangile.
(2) V. les *Offices* de M. H. Lepage.
(3) *Catal. des arch. de Saint-Mihiel*, n° 272.
(4) *Hist. de Saint-Mihiel*, III, 144. — M. Lepage le mentionne
comme procureur général de Lorraine, d'après un acte du 24 janvier
1481 ; il succéda à Simon Loyon. Le même historien mentionne des
lettres patentes, du 17 oct. 1487, qui lui donnent, en même temps que
ce titre, celui de lieutenant général du bailliage de Saint-Mihiel.
(5) Lepage, *Offices*.
(6) Dumont, *Hist. de Saint-Mihiel*, III, 144.

homme en 1428. Cependant, Jacques ne figure pas dans l'article que Dom Pelletier a consacré à cette famille, ni dans le *Nobiliaire* de M. Dumont ; apparemment, la branche à laquelle il appartenait n'avait pas quitté la roture.

Cette parenté, déjà bien probable par les similitudes de noms et de fonctions, est, en outre, renforcée par ce fait, savoir que Jacques épousa *Claude de Charmes,* et que, vers la même époque, Collignon Mélian, fils aîné de Thirion, se maria avec « *Hellouy, fille du grand Thierry de Charmes* (1) ». Il a existé plusieurs familles appelées *de Charmes,* de sorte qu'il est difficile de dire à laquelle appartenaient Claude et Hellouy.

Nous reproduirons en note les analyses de différents actes concernant cette famille que donne le *Catalogue des archives de l'abbaye.* Ils nous apprennent qu'avant de fonder la chapelle de Saint-Nicolas dans l'église abbatiale, Jean Méniant avait, quatre ans plus tôt, érigé une autre chapelle en l'honneur du même saint dans l'église paroissiale. Un Jean Méniant, vivant dans la première moitié du xv° siècle, était probablement le fils du premier et le père de Jacques (2). Il mourut avant 1449 ; mais on trouve un Jean Méniant vivant en 1456. Jacques, portant la qualité d'*estudiant à Paris,* figure avec son frère *Jacquemin* dans un acte de 1449 (3).

(1) Dom Pelletier. — L'une des filles de Thirion, nommée Catherine, épousa « Nicolas Mathiez de Charmes », qui appartenait peut-être encore à la même famille.

(2) Puisque M. Dumont dit que Jacques était le petit-fils du fondateur de la chapelle Saint-Nicolas. Mais cela n'est peut-être pas certain. Un autre Jean vivait en 1456.

(3) Voici ces actes, tirés du *Catal. des arch. de Saint-Mihiel :*

— « 248. Robert duc de Bar confirme la fondation et dotation de la chapelle de Saint-Nicolas (dans l'église paroissiale de Saint-Mihiel), faite par Jehan Meniant de Saint-Thiebaut desoubz Bormont. 1395, le dernier jour de feurier. (Fr.)

» Cette charte importante où tous les revenus de la chapelle de Saint-Nicolas sont spécifiés, est de la meilleure conservation. Elle a 22 pouces de haut sur 16 pouces 6 lignes de large. On y a ajouté quelques papiers relatifs à cette fondation. »

— « 251. Titre original de la fondation et dotation de la (première) chapelle de Saint-Nicolas par Jean Meniant ; anno dni millessimo tricentesimo nonagesimo nono.

» Tout aussi importante que la charte de 1395 (N° 248). Elle a la dimension de 24 pouces de large sur 16 pouces de haut. »

Parmi les bienfaiteurs de l'abbaye, M. Dumont cite : « *Jehan Meniant, le jeune, et Marguerite, fille Jacquot le Biault, sa femme.* — 12 francs à placer (1). » Ce sont peut-être les parents de Jacques.

On remarquera plus loin le nom « d'Alix Méniant, bourgeoise de Verdun », qui donna les quatre colonnes du baldaquin du maître-autel.

Bien que la famille de Noiregoulle ne figure point dans le *Nobiliaire* de Dom Pelletier ni dans celui de M. Dumont, elle paraît avoir obtenu la noblesse ; on la voit prendre, vers le XVII⁰ siècle, le nom de Batilly, sa principale seigneurie à cette époque. Le *Hérault d'armes* de Dom. Callot mentionne, dans la liste des gentilshommes : « NOIRE GOULLE alias BANTILLY, *d'argent à trois hures de sanglier de sable, 2, 1.* »

« *François Noire-Goule*, grand échevin », mari de Jeanne Méniant, — lequel, suivant M. Dumont, et probablement dans la première partie du XV⁰ siècle, augmenta la fondation de la chapelle Saint-Nicolas, — était peut-être le même que « *François de Noire-Goule* », tabellion ou notaire à Saint-Mihiel, en 1430 (2).

On peut le croire fils de *Jacomin Noiregoulle* et de *Jeannette.*

Au nombre de différents habitants de Saint-Mihiel qui, vers 1397, reçurent des indemnités pour frais de campagnes, M. Dumont cite « *Jacquemin Noiregoule*, qui avait perdu ses chars et harnais *devant Bullion* (3). »

— « 252. Henri de la Rappe, abbé de Saint-Mihiel, et tout le couvent approuvent l'amélioration des rentes de la chapelle de Saint-Nicolas par Jean Meniant. 1401, le 27 jour du mois de Jung. (Fr.)...
— 272. Charte de 1449, par laquelle « Dudier (*sic*) Rolant, bourgeois et grand échevin de Saint-Mihiel, reconnaît avoir vendu à maistre Jaques, *estudiant à Paris*, et à Jaquemin son frère, enfans de feu Jehan Meniant, plusieurs pièces de prés pour la somme de trente-cinq frans. »
— 278. Jean Méniant signe à l'acte d'une vente des biens, faite par Jean Noiregoule à Perrenet Laguesse, prévôt de Saint-Mihiel. 1456.
— « 289. Grande charte par laquelle le conseiller Jacques Meniant donne aux religieux de l'abbaye de Saint-Mihiel plusieurs biens, terres et rentes. 1479, le premier jour du mois de mars. (Fr.)...
— 333. Charte concernant « la fondation Méniant ». 1479.

(1) Dumont, *Hist. de Saint-Mihiel*, I, 372.
(2) *Ibid.*, I, 354.
(3) *Ibid.*, I, 108.

En 1402, le duc Robert emprunta de l'argent à « J. de Brieulles, qui fut appelé à Bar avec Jacomin de Ville et *Jacomin Noiregoule*, capitalistes de l'époque, enrichis dans le commerce (1). »

Vers 1407, M. Dumont rappelle un prêt d'argent que « 3 bourgeois de Saint-Mihiel, Richier, Auberon, *Jacomin Noiregoule* et Jehan de Brieulles, firent au duc, qui leur engagea les revenus du domaine (2) ».

Le *Catalogue des archives de l'abbaye* (n° 328) mentionne ainsi une charte originale, en français, de 1413 : « Cens de 6 gros et demi pour *Jennette*, veuve de feu *Jacomin Noire goulle*, laixeresse. » Ce qui signifie sans doute qu'elle abandonna ce cens au couvent.

Le même Catalogue (n° 260) mentionne l'acte suivant :

« Testament de *Jenette*, veuve de feu *Jacomin Noire goulle*, du 11 septembre 1422. (Fr.)

» Document fort curieux en (*sic*) beaucoup d'égards et qui mérite l'attention de tous ceux qui veulent connaître à fond les mœurs et usages de cette époque. »

Les fonctions de tabellion ou notaire et de grand échevin empêchèrent-elles François Noiregoulle de tenir le commerce des draps ? Nous ne le pensons pas ; on ne voit pas d'autres membres de sa famille vivant dans la première moitié du xv⁰ siècle ; or, parmi les dépenses du roi René faites à Saint-Mihiel en 1428, M. Dumont cite : « Draps de Vranvert, pour la livrée de Monseigneur, achetés chez *Noiregoule* (3). »

François fut peut-être le père de *Jacquot* et de *Jean*, qui vivaient dans la seconde moitié du xv⁰ siècle.

Noble homme *Jacquot Noire Goulle* figure comme témoin dans un acte du 17 mai 1469 (4).

Le *Catalogue des archives de l'abbaye* (n° 278) mentionne une charte de 1456, « par laquelle *Jean Noiregoule* vend à Perrenet Laguesse, prévôt de Saint-Mihiel, plusieurs pièces

(1) Dumont, I, 144.
(2) *Ibid.*, I, 149.
(3) *Ibid.*, I, 160.
(4) Dumont, *Ruines*, II, 56.

de prés. Elle est signée par Jean Meniant et Guiot Roncin. »

Parmi les seigneurs de Batilly, en partie, M. Dumont nomme :

« 1480. Colard d'Allamont, qui cède à *Jean Noiregoule*, lequel fait foi et hommage en 1484 à Emich de Lynanges, sire d'Apremont.

» Pour la maison forte, fossés, pourpris, basse-cour et moitié du ban des Chevaliers (1). »

On voit lui succéder, dans la même seigneurie, *Pierresson*, apparemment son fils.

« 1511. *Pierresson Noiregoule* fait reprise de Hesse de Lynanges, sire d'Apremont... »

Ce Pierresson nous paraît avoir été le frère de *Didier de Noiregoulle*, seigneur de Batilly, qui épousa *Jeanne de Xonot* et eut d'elle une fille, *Jeanne,* mariée à noble Pierre Volkier. Pierresson eut encore, ce semble, une autre fille, nommée *Barbe*, qui s'allia à Jean Cottignon, dit de Mousson, capitaine du dit lieu.

Le 6 novembre 1571, le duc Charles III confirme l'acquisition faite le 2 mars précédent par Philippe de Nayves, prévôt de Pont-à-Mousson, sur *Jean de Mousson* et sa femme, *Barbe de Noiregoulle*, d'un gagnage, dit le Grand-Gagnage, situé au ban de Mousson, pour le prix de 1.000 francs (2).

« Jean Mauljean, seigneur de la Cour-en-Haye et de Gezainville, fit ses reprises, le 10 juin 1578, de certains biens de fief par lui acquis de *Jean Cottignon de Mousson*, capitaine dudit lieu, et de *Barbe de Noirgoulles*, sa femme (3). »

Pierre Volkier, appartenant à une famille anoblie, épousa, dit Dom Pelletier, « *Jeanne de Noiregoule*, fille de *Didier de Noiregoule*, seigneur de Batilly, et de *Jeanne de Xonot*. Elle étoit veuve de lui en 1613, qu'elle fit reprises pour la terre de Batilly, par Nicolas de la Presle, son gendre (4). » Jeanne eut plusieurs filles, dont la seconde hérita de Batilly ; Dom

(1) Dumont, *Ruines*, III, 149.
(2) Arch. de M.-et-M., B. 41, fº 131 vº ; cf. Lepage, *Communes*, II, 81, et nos *Rech. généal. sur la fam. de Pillart de Naives*, p. 18.
(3) Dom Pelletier, *Nobil.*, p. 549.
(4) *Ibid.*, p. 834.

Pelletier la désigne ainsi : « 2º Françoise, dame de Batilly, épouse de Regnault de Clavery, capitaine appointé en la citadelle de Metz, qui, en 1618, fit reprises au nom de sa femme, pour ladite terre de Batilly, à elle advenuë par le décès de Jeanne de Noirgoule, sa mère, et encore en 1625. »

M. Dumont a évidemment mal lu le nom du mari de Jeanne, lorsque, à la suite de Pierresson Noiregoule, parmi les seigneurs de Batilly, il nomme :

« 1602. F. Volgnière, à cause de Jeanne de Noiregoule, sa femme. » Au lieu de *F. Volgnière*, il y avait sans doute *P. Volquière*, variante connue de *Volkier*.

Après avoir réuni ces renseignements sur ces deux familles distinguées de Saint-Mihiel, dont on ne s'était guère occupé jusqu'à présent, parlons, d'après M. Dumont, des personnes qui reçurent la sépulture auprès des autels qu'elles avaient fondés.

Dans cette double chapelle, dit-il, « furent inhumés aussi :

» Claude de Lahéville, écuyer, seigneur dudit lieu et d'Ewisin ; dame Loyse Ballant, son épouse, dame de Morvau, qui donnèrent 60 gros de rente (1).

» Jehan Griffonet, dit le célérier, chapelain de ladite chapelle, qui donna 1 fr. de cens.

» Alix Méniant, bourgeoise de Verdun, celle qui donna les 4 *columbes* (2).

(1) Claude de Lahéville descendait, sans doute, de « *Symonnet de Manhuères, dit de Lahéville* », mari de *Philippe*, du chef de laquelle il possédait, en 1433, un fief à Euvezin. (Dumont, *Ruines*, III, 219 ; v. aussi 332.) Peut-être doit-on rattacher ce *Symonnet* à un certain « *Simonins de Lahéville*, écuyer », qui, en 1334, vendit au comte de Bar une rente sur le four de Lachaussée. » (*Ibid.*, I, 350.)
Louise Balland était fille de Thierry et, apparemment, petite-fille de *Jean Balland de Viller*, qui vivait en 1478 et en 1482 (*Ibid.*, III, 107, 203, art. *Allamont* et *Dompierre en Woivre*). — « Thierry Balland de Viller » vivait en 1520 (*Ibid.*, 107), et dut épouser une demoiselle de Saint-Hillier. Parlant de la maison de Ligier Richier, M. Dumont (*Hist. de Saint-Mihiel*, IV, 184) dit qu'elle fut « achetée en 1535, de Jehan Balland, écuyer, homme d'armes de la compagnie du Duc de Guise, et de demoiselle Loyse, sa sœur, femme de Claude de la Hayville, aussi écuyer, lesquels en avaient hérité de Thiery Balland, leur père, mari d'une demoiselle de Saint-Hillier, dont le père la possédait. »
(2) Evidemment les quatre colonnes du baldaquin du maître-autel. V. Dumont, *Hist. de Saint-Mihiel*, IV, 8 ; *Bull. de la Société d'Arch. lorr.*, II, 57.

» Thiéry, le pelletier, qui donna 50 fr., fut enterré *au-des-sous* de la chapelle et non à l'intérieur.

» C'est dans cet emplacement... que fut trouvé le tombeau de l'Abbé Ornatus, en 1846. »

« 9⁰ LA CHAPELLE DE SAINTE-CATHERINE,

» Où furent enterrés : Jennin de Chauoncourt (*sic*) (1), Marguerite, sa femme, et messire Husson, leur frère, trésorier du couvent.

» Thiédric, cuisinier de Monseigneur l'Abbé, qui donna 4 gros 1/2, et Collette Darraine, sa femme, qui donna 3 gros; ils gisent près du mur.

» Messire Henri Thiédric, prêtre, son fils, qui donna de la vaisselle estimée 26 fr., afin d'avoir « la sainte terre *sur* son » père. »

» Husson Richerot, bourgeois de Saint-Mihiel, gît devant sainte Catherine, sous saint Andreu.

» Bertrand Martizon, son gendre, gît. auprès, qui donna 2 fauchées de prés pour lui et Domeline, sa femme. »

« 10⁰ La CHAPELLE SAINTE-ELISABETH, dans laquelle était jadis *la librairie de l'église* (2). »

« 11⁰ La CHAPELLE SAINT-SIXTE. »

« 12⁰ La CHAPELLE SAINTE-SCHOLASTIQUE, réparée en 1713. »

« 13⁰ La CHAPELLE HUSSON WARNET,

» Changée en la CHAPELLE DE SAINT QUIRIN, puis de SAINT CUNI,

» Devant laquelle furent enterrés :

» Messire Cugnin de Denœuvre, l'un de ses chapelains;

» Dame Poincette de Thiaucourt, en 1454 (3). »

---

(1) Ce *sic* est de M. Dumont. Dans sa liste des bienfaiteurs de l'abbaye (I, 379), il cite :

« *Girart de Chauoncourt, Mariette, sa femme, et Gros Jehan, leur fils.*

» *Les enfants Jennin, de Chauoncourt* et leurs ancêtres gisent en l'atrie, devant la tombe élevée. »

Parmi les bourgeois et habitants les plus notables de Saint-Mihiel, en 1391, le même auteur (I, 105) nomme : « Gérard de Chavancourt. »

C'est peut-être le même *Jennin*, ou « *Jeannin Chavoncourt* », qui fut anobli le 8 octobre 1474. Dom Pelletier le qualifie : « employé au service de René II »; il ne dit pas s'il fut marié.

(2) C'est-à-dire la bibliothèque.

(3) Dans sa liste des bienfaiteurs, M. Dumont (I, 369) mentionne :

« 14º La Chapelle Saint-Claude, fondée par Dom Laurent Mengin, trésorier du couvent... »

« 15º La Chapelle Saint-Nicolas des Clercs... » (Antérieure à 1543.)

« 16º La Chapelle Saint-Benoît... » — Dom Charles le Pougnant, ancien abbé de la Chalade, y fut sans doute inhumé, comme il a été dit plus haut.

« 17º L'Autel de Notre-Dame-de-Pitié, placé au fond du chœur...

» Jean Chrétien et Jeanne, sa femme, qui donnèrent 16 bichets de froment pour le repos de leurs âmes et de celle de Jehan Maulbrun, furent inhumés aux pieds (sic) de cet autel en 1486. »

Outre les sépultures indiquées à propos des chapelles dans lesquelles elles se trouvaient ou dont elles étaient voisines, M. Dumont signale plusieurs autres « places... occupées dans l'église par des personnages dont les noms sont connus ». La

« Dᵉ Poincette, de Thiaucourt, femme de noble écuyer Jehan de la Vaul.

» 30 gros. — Git en la chapelle Messire Cugny. »
Il s'agit donc de Poincette de Thiaucourt, fille de Didier de Thiaucourt, écuyer, seigneur de Villette, et de Catherine de Barbas, qui épousa Jean de Lavaulx, seigneur de Sorbey, vivant encore en 1463, troisième fils de Wary II de Lavaulx, chevalier, seigneur de Vilosne, etc., gouverneur de Neufchâteau, chevalier de l'ordre du Croissant, et de Jeanne de Sorbey. (Moréri, 1759, addit., art. Lavaulx, deg. X.)
La famille de Thiaucourt, dont nous ne croyons pas qu'on ait encore dressé la généalogie, est ancienne. Dès 1296, on voit « Jacomin de Thiaucourt, prévôt de Trougnon », faire une acquisition à Haumont (Ruines, I, 409). — En 1383, un autre « Jacomins de Thiaucourt » était prévôt de Saint-Mihiel (Hist. de Saint-Mihiel, III, 115). — En 1401, « Huon de Thiaucourt et Mariette de Void, sa femme », fondèrent une messe dans la chapelle des Apôtres en l'église abbatiale (Ibid., IV, 17). — Didier, père de Poincette, est sans doute le même que « noble homme Didier de Thiaucourt, escuier, seigneur de Villette », lequel paraît, comme témoin, dans un acte du 27 octobre 1499. Son scel, en cire rouge, offre un écu penché à un lévrier passant, avec la légende : « s. DEDIER DE THIAICOURT » (Lay., Sancy, II, 127 bis). — Nous pensons qu'il fut le père de « Didier de Thiaucourt, seigneur de Villotte », vivant en 1522, qui épousa Perrette d'Aviller, et que Dom Pelletier proposa de rattacher à Vivien de Thiaucourt, anobli en 1393, mais dont on ne connaît ni les armoiries ni la descendance.
Devenue veuve, la mère de Poincette de Thiaucourt, c'est-à-dire Catherine de Barbas, se remaria à François de Lavaulx, fils aîné de Wary II, dont elle fut la première femme. Ce François, chevalier, seigneur de Vilosne, etc., devint échanson de Louis XI, roi de France, chevalier de l'ordre, puis gouverneur de Neufchâteau pour le duc de Lorraine. Il se maria quatre fois, n'ayant pas eu d'enfant de ses trois premières femmes. (Moréri.)

plupart de ces noms ont paru dans les chapitres précédents.
Il nous reste à citer :

« Dom Hidulphe Brenier, Abbé de Faverney, personnage
d'une piété édifiante, mort en passant à Saint-Mihiel le 18 mai
1662, mais dont les restes furent exhumés en 1673 pour être
transportés en son Abbaye.

» La Dame de Mauljoy, gît en *Chapitre.*

» Jehan Blampoix, jadis chambellan de M. l'Abbé, gît dans
le *chœur près de l'eau benoite* (1).

» Marie, la *nourrice* (2), gît devant la piscine.

» Sébastien Cordier, curé de Girauvoisin, qui donna 900 fr.,
à charge aussi de mettre un petit marbre sur sa fosse dans la
nef (3). »

A la suite de ces longues listes de sépultures de l'église Saint-
Michel, M. Dumont dit : « Outre les grands et petits bienfaiteurs de l'Abbaye dont il a été parlé ci-dessus et dans les vo-
lumes précédents, nous recommandons au lecteur ceux énu-
mérés au *Supplément* du 1ᵉʳ volume, que le couvent recom-
mandait plus ou moins chaudement à la postérité en son
obituaire, pour servir d'exemple et d'encouragement à les
imiter. Pour ceux-là, le lieu de leur inhumation est totalement
incertain. Nous les avons rapportés surtout pour les noms et
les familles qu'ils rappellent, toutefois avec grand regret qu'il
n'ait pas été possible de donner des dates (4). »

(1) Dans sa liste des bienfaiteurs de l'abbaye, M. Dumont (I, 376) dit
que *Jehan Blampoix* donna 18 gros de cens, et fut inhumé « derrière
le chœur. » — Il fait aussi mention (p. 380) de « Jacquemette, femme
Collignon Blampoix. — 10 sous » ; puis (p. 383), de « Jehan Blampoix
et Hertenette, sa femme. — 40 francs. »
Le *Catal. des arch. de l'abb.* (n° 224) mentionne l'acte suivant :
« Huon de Lacroix, preuos de Saint-Mihiel, et Richier de Leuoncourt
font savoir que Humbelet de Gondrecourt a donné à *Jehan Blampois*
et à sa femme, à eux et à leurs hoirs, une pièce de vigne au ban de
Saint-Mihiel en lieu con dit en Varizelles. 1362, le premier iour dou
moix doctembre. (Fr.) »
(2) « C'était probablement la femme de Christophe le Bourcier qui,
en 1520, recevait sur le domaine de Saint-Mihiel 30 fr. et 2 muids de
froment de pension « en faveur de la peine, sollicitude et *curiosité*
» qu'elle avait pris étant nourrice de M. le marquis du Pont. » On lui
donne aussi le prénom de Barbe. » (Note de M. Dumont.)
(3) Cf. *Hist. de Saint-Mihiel*, I, 376.
(4) *Hist. de Saint-Mihiel*, IV, 29.

En réalité, dans cette longue liste de 16 pages, on retrouve beaucoup de noms qui ont paru précédemment, comme on a déjà pu le voir par plusieurs de nos notes. D'ailleurs, les lieux d'inhumation y sont quelquefois indiqués, et, même sans indication, il semble possible, pour bien des cas, de retrouver ce lieu comme la date, au moins approximative, du décès. Les sépultures de ces personnages n'existaient pas toutes dans l'intérieur de l'église, car plusieurs sont signalées dans le cloître, près de la grosse tour, dans l'*atrie* (cimetière), etc. On y lit même la mention de celle, faite à Paris, de « Marc Buesvin de Winville, prêtre, maître ès-arts », le fondateur du fameux collège de la Marche. Nous nous bornerons donc à relever les quelques noms nouveaux des personnes qui paraissent positivement avoir été enterrées dans l'église.

« *Regnault Paillardel, du Pont, Religieux et Aumônier de céans* (1).

» Une fauchée de pré à Reffroicourt, et si aida grandement à l'acquet du gagnage de Bannoncourt. — Gît à l'huis du chœur. »

« *Poince, Chatelain de Mousson.* — 40 sous valant 32 gr., à prendre sur le haut passage de Saint-Mihiel, chaque lendemain du jour de l'an.

» Service pour lui ce jour-là, et tous les jours commémoration de lui. »

(1) Il s'agit, sans doute, de *Regnault Paillardel*, originaire de Pont-à-Mousson, religieux à Saint-Mihiel, prieur de Haréville, puis abbé de Saint-Vanne de Verdun, qui, vers 1407, entra en composition avec Geoffroy de Nicey, élu abbé de Saint-Mihiel, et obtint plusieurs rentes viagères contre son désistement (Dom de l'Isle, p. 169 ; Dumont, I, 147). Dans le même temps, *Colard Paillardel*, son parent, était prieur de Saint-Mihiel. — Dom de l'Isle dit que Regnault était issu « de parens riches mais de basse extraction ». Il serait cependant difficile de ne pas voir en lui un descendant de *Renaus dis Peillardeils* ou *Renaulz dis Peillardeils* qui était échevin de Pont-à-Mousson en 1326 et maire de la même localité en 1333 (*Catal. des arch. de l'abb.*, nos 187 et 309). Il devait aussi être parent de « Vautrin Paillardel du Pont », l'un des vingt écuyers ou gentilshommes qui, vers 1369, défendirent, pendant trois semaines, la forteresse de Belleville contre le duc de Lorraine et les bourgeois de Metz, et furent finalement pendus la veille de la Saint-Laurent. — Nous pensons que c'est cette même famille dont le nom s'écrivit plus tard *Pillart*, et qui prit, au xvie siècle, celui de *de Naives*. (V. nos *Recherches généal. sur la famille de Pillart de Naives* ; Nancy, 1883.)

« *Hubert Laboron, prêtre, curé de Bannoncourt, doyen de la chrétienneté de Saint-Mihiel.* — 30 francs placés pour faire son obit et mettre 2 cierges sur sa tombe. »

« *Jacquemin le Saint-Père, de Maisey, et Mauljehan, leur* (sic) *fils.*

» Gisent près du petit autel.

» Ils ont donné une bonne fauchée de pré (1). »

« *François de Vautrombois, enterré dans l'église en habit de capucin, qu'il prit 3 ou 4 fois pendant sa vie.* — 300 fr. »

« *Pierre de Bourmont, Chevalier.* — 2 muids de froment sur les dîmes de Levoncourt, pour faire bonne pitance aux Religieux le jour de son obit (2). »

Il nous reste encore trois sépultures à mentionner.

1. Nous avons parlé, dans la première partie, de la tombe de noble Gérard Rogier ou Roger, mari de Nicole Henry. L'aîné de leurs cinq enfants, Gérard II, né le 24 avril 1638, « fut avocat et Lieutenant-civil et criminel en la Prévôté. Il épousa, le 7 août 1666, Renée-Angélique Patizet », dont il eut sept enfants. — « Gérard Roger II mourut, dit M. Dumont, le 31 mars 1695, et fut enterré dans l'église de l'Abbaye, de même que son père (3). »

2. Comme on l'a vu plus haut, le monument de la famille de Bousmard nomme Antoine de Bousmard, mais non pas sa femme, tandis que M. Dumont mentionne ainsi cette dernière : « Antoinette Malherbe, qui mourut le 18 juillet 1744 et fut inhumée dans l'église abbatiale, ainsi que son mari (4)... » M. Du-

---

(1) M. Dumont cite ensuite leur petit-fils. — Au nombre des habitants de Jonville (c^{on} de Vigneulles), qui payaient le droit de bourgeoisie en 1580, il nomme (*Ruines*, III, 259) « Cugnin le Saint Père », et, parmi les veuves, « J. le Saint Père. »

(2) Parmi les dons faits à l'abbaye, M. Dumont mentionne (I, 74) : « En 1213, le moulin de Rupt, par Hugues d'Amel, qui permit en outre au chevalier Pierre, de Bourmont, de donner 2 muids de froment sur la dîme de Levoncourt. » Le *Catal. des arch.* indique, en effet (n° 304), une charte « du comte Henri de Bar sur deux muids de froment des dîmes de Leuoncourt, donnés par Pierre de Bormont, cheualier, 1216, mense martio ». — En 1359, vivait « maistre Thiebaut de Bourmont, conseiller du duc, » à Saint-Mihiel. (*Catal.*, n° 221.)

(3) Dumont, *Nobil. de Saint-Mihiel*, I, 321, 322.

(4) *Ibid.*, I, 165.

mont ne rappelle pas cette alliance à l'article de la famille
Malherbe ; cette dernière était en possession de noblesse, sans
que l'on connaisse son origine ni ses armoiries. Si la femme
d'Antoine de Bousmard figure dans cet article, elle ne saurait
être qu'Antoinette, née le 10 février 1700, troisième des onze
enfants de Nicolas Malherbe, avocat, et de Marie Marbotte.
Mais elle aurait eu seize ans de moins que son mari et serait
morte bien jeune.

3. Le même historien dit ailleurs, à propos de la même
église :

« Rappelons encore que, contre le pilier du chœur où s'ac-
crochait la corde de la lampe, était peinte l'image de saint
Quentin, dont la présence ne s'explique guère que par la mention en l'obituaire de Henri de Saint-Quentin, qualifié bourgeois de Saint-Mihiel, et conseiller du duc de Bar, inhumé en
l'église et probablement près de là (1). »

En outre, dans sa liste des bienfaiteurs de l'abbaye, M. Dumont cite :

« *Henry de Saint-Quentin, bourgeois de Saint-Mihiel, et
Conseiller du Prince.* — 20 francs d'or, valant 15 gros de
cens (2). »

Il nous serait pénible de clore notre travail par ce chapitre ingrat, qui n'intéressera guère que les amateurs de gé-
néalogies ou ceux qui veulent étudier dans ses plus grands
détails l'histoire de Saint-Mihiel. Nous nous étions promis de
ne parler d'aucun monument funéraire étranger à l'église abbatiale ; cependant nous ne croyons pas qu'on nous reprochera
de reproduire une épitaphe tout à fait remarquable par sa
facture et sa date, qui existait dans le cimetière de la ville.
On voyait là beaucoup de tombeaux somptueux, qui furent
détruits pendant la Révolution. M. Dumont dit à ce sujet : « Il
ne s'est trouvé aucun curieux pour transmettre à la postérité
les raretés du style lapidaire de ces anciens monuments, non

---

(1) Dumont, *Hist. de Saint-Mihiel*, IV, 10.
(2) *Ibid.*, I, 376.

plus que de ceux dont les églises étaient parsemées ; il ne nous
en est parvenu qu'une seule, qui donne quelques regrets de
n'en avoir pas d'autres. Elle rappelle l'espérance déçue d'une
jeune fiancée enlevée par la peste en 1597 :

» L'heure qu'au lit nocier, sous les lois d'hyménée (1),
    Par un époux promis je dus être menée,
    Le mal contagieux tapit sous ce tombeau
    Et ma vie et le feu de mon chaste flambeau.
    Ami, ne t'enquiers point de mon noble lignage,
    Des vifs rays de mes yeux, des traits de mon visage,
    Du maintien grave et doux qui mon corps honora
    Et le cœur d'un amant dans mes yeux égara.
    Ne me compare aussi à cette Iphigénie
    Par qui entre les Grecs finit la maladie,
    Qui semble à mon décès, comme par un destin,
    Entre mes citoyens avoir encor (2) pris fin ;
    Mais obtienne de Dieu ta voix dévotieuse
    Qu'il me guerdonne au ciel pour fille vertueuse ;
    Du reste, entre les morts, on ne fait plus de cas,
    La vertu seulement sert après le trépas (3). »

Cette épitaphe, curieuse et charmante, marque bien le goût
de l'époque pour la poésie et les souvenirs classiques ; remer-
cions M. Dumont de nous l'avoir transmise. Souhaitons que
notre travail attire, sur les monuments funéraires des églises
et cimetières de Saint-Mihiel, l'attention des historiens, et que
leurs recherches soient suivies de découvertes nombreuses et
intéressantes (4).

(1) Nous croyons devoir transcrire *d'hyménée*; M. Dumont a mis
de l'hyménée, ce qui fait un pied de trop.
(2) Nous rétablissons *encor* au lieu de *encore*, qui romprait le vers.
(3) Dumont, *Hist. de Saint-Mihiel*, IV, 48.
(4) Nous ne saurions terminer sans témoigner de notre gratitude
envers notre confrère, M. l'abbé Gillant, curé d'Auzéville, et surtout
envers M. Léon Laurens, avocat, de Saint-Mihiel, pour le précieux con-
cours qu'ils ont bien voulu nous donner dans l'accomplissement de
notre tâche. Nous devons aussi remercier M. A. Baudet, sacristain de
Saint-Michel, de la grande complaisance dont il a fait preuve.

ADDITIONS ET CORRECTIONS.

P. 7, l. 28, *au lieu de* : frise, *lisez* : corniche; l. 31 : POUR, *lisez* : POVR; — AME, *lisez* : AME.

P. 8, l. 18 : SOUBS, *lisez* : SOVBS.

P. 10, fin de l'épitaphe : PRIEZ, *lisez* : [PRIEZ].

P. 14, *idem* : PRAECARE, *lisez* : PRECARE.

P. 16, *idem* : DIEVDONNÉE, *lisez* : DIEV DONNÉE.

P. 27, *idem* : ...OLET SCULPTEUR, *ajoutez en note* : Sans doute MOLET, comme au § XI.

P. 29, l. 13 : DARMUR, *lisez* : DARMVR.

P. 31, avant-dern. l. : « *molet devet* (?) », *lisez* : MOLET FECIT.

P. 35, l. 9 : CY JOINTE, *lisez* : CY IOINTE.

l. 23 : DOULOUREUSE, *lisez* : DOULOUREVSE.

l. 39 : RANDIT, *lisez* : RENDIT (mais non pas à la l. 10).

l. 48 : LIRONCOUR, *lisez* : Lironcour.

l. 3, 12 et 25 : *au lieu de* : « SEIGNEUR », *nous sommes maintenant persuadé que, conformément à ce qui est dit à la page précédente, il faut lire* : CHᵣ Sᵣ.

P. 39, l. 18 : GENERALITANDEM, *lisez* : GENERALI TANDEM.

Les l. 23 et 28 (DNO VIXIT... et REQUIESCAT...) doivent être reculées au milieu de l'épitaphe ; le mot *sculpsit* doit être en petites majuscules romaines.

P. 54, *titre du* § : duc, *lisez* : ducs.

P. 60, Epitaphe du comte Hugues de Bar. — Nous avons omis de faire remarquer l'intention évidente qu'a eue son auteur d'obtenir, dans le même vers, deux consonnances identiques ; ce qu'on ne peut méconnaître en voyant la rime qui, dans chacun de ces quatre vers, tombe, avec une régularité constante, à la césure du troisième pied.

P. 67, l. 13. Les initiales des mots *Incarnatione Domini* sont en caractères minuscules dans le texte de M. Dumont.

TABLE DES MATIÈRES.

~~~~~~

www.ingramcontent.com/pod-product-compliance
Lightning Source LLC
Chambersburg PA
CBHW071824090426
42737CB00012B/2172